# 真の
# エリートを
# 目指して

## 努力に勝る天才なし

Ryuho Okawa
大川隆法

# まえがき

幸福の科学学園の一期生及び二期生を前に、私が創立者として話した四回の説法録である。

今、読み返してみて、自分が若い頃に読んだ、福沢諭吉の『学問のすすめ』や内村鑑三の『後世《こうせい》への最大遺物《さいだいいぶつ》』、スマイルズの『自助論』などによく似た響《ひび》きを感じた。

聞いているのは、主として十二歳（中一）と十五歳（高一）の生徒たちであるが、若い人に託《たく》す、幸福の科学学園創立者の熱意、真意が込《こ》められていて、後世にまで教育論として影響力を遺《のこ》す一書《いっしょ》となるのではないかと思う。
本物の教育改革は「真のエリート」の創造を目指すところから始まる。そして、彼らに、「努力に勝《まさ》る天才なし」という言葉を、はなむけの言葉として贈りたい。私の希望と本心が、この二つの言葉に要約されている。愛読して下さることを心から願いたい。

二〇一一年　九月二十七日

幸福《こうふく》の科学《かがく》グループ創始者兼総裁《そうししゃけんそうさい》　大川隆法《おおかわりゅうほう》

# 真のエリートを目指して　目次

## 第1章　信仰《しんこう》と天才

## 第2章　勉強と心の修行

## 第3章　心と霊界《れいかい》の関係《かんけい》

## 第4章　真のエリートを目指して

本書は、幸福の科学学園・大川隆法記念講堂にて
行った四回の説法をとりまとめ、加筆したものです。

第1章

# 信《しん》仰《こう》と天才

二〇一〇年四月七日（水）
幸福の科学学園第一回入学式記念法話

## 1　幸福の科学学園の船出に当たって

新入生のみなさん、本日は、幸福の科学学園へのご入学、おめでとうございます。これが幸福の科学学園の船出です。

みなさんが幸福の科学学園の第一期生です。今日は歴史《れきし》に残《のこ》る一ページ目です。

みなさんのなかには、かなりの重圧《じゅうあつ》を感じている人もいることでしょう。

「幸福の科学学園が成功《せいこう》するかどうか」ということは、まず、「第一期生が成功するかどうか」ということに五割《わり》ぐらいかかっています。最初《さいしょ》の評価《ひょうか》は、第一期生たちの一年目の出来に五割程度《ていど》かかっているのです。

そして、最初の卒業生《そつぎょうせい》が出る三年後に二回目の点検《てんけん》がなされます。

三回目の点検は、六年後、すなわち、「今回、学園に入学した中学一年生が、高校を卒業するとき」になされます。

この三カ点で、幸福の科学学園への評価は、だいたい固《かた》まるでしょう。

特《とく》に、第一期生の一年目には、「この学園事業が、今後、大きくなっていくかどうか」ということを占《うらな》う意味でも、非常《ひじょう》に大きな意味があります。

みなさんも、それぞれ緊張《きんちょう》しているとは思いますが、「みなさんの緊張よりも、われわれの期待のほうが、さらに大きい」ということを分かっていただきたいと思います。

世間は、今、じっくりと幸福の科学学園を観察《かんさつ》しているところです。

先日も、ある週刊誌《しゅうかんし》に、「幸福の科学学園開校！　『エリート教育で東大合格《ごうかく》三十人』はホント？」という見出しの記事が、いきなり載《の》りました。

私は、そういう具体的《ぐたいてき》な数字を示《しめ》したことはありません。ただ、「幸福の科学学園は鹿児島《かごしま》ラ・サールを目標《もくひょう》にする」とは言っていました。そして、今年（二〇一〇年）、鹿児島ラ・サールから東大に受かった人は三十六名だったので、そのような見出しになったのでしょう。

鹿児島ラ・サールから東大に合格する人が百名ぐらいいる年もあるので、大勢《おおぜい》の人が受かった年を基準《きじゅん》にして言われると、幸福の科学学園の生徒《せいと》が、全員、東大に受からなければいけなくなって、大変《たいへん》なことになりますが、今年は少ない年だったため、比較的《ひかくてき》ほっとしています。

また、幸福の科学は六年後に幸福の科学大学を開学する予定ですが（二〇一五年にハッピー・サイエンス・ユニバーシティ〔HSU〕として開学）、大学のほうは、「ハーバード大学を抜《ぬ》くぞ！」と言って頑張《がんば》っているので、いずれは、東大や早稲田《わせだ》、慶応《けいおう》へ行かずに、幸福の科学大学へ行く人が増《ふ》える時代が来ると思います。

「これから、学園全体の信用《しんよう》と実績《じっせき》、卒業生の活躍《かつやく》を、世間にお見せしていきたい」と考えているところです。

## 2　勉強する者にとって大切な態度《たいど》とは

### 自分の理解《りかい》をごまかさない「知的《ちてき》正直さ」を持て

さて、今日のテーマは「信仰と天才《しんこう》」です。これは大変《たいへん》な題です。

「信仰」と「天才」という二つの言葉を簡単《かんたん》に結《むす》びつけ、「信仰すれば、天才になる」と言うのならば、話は簡単で、私も本当に言いやすいのですが、世の中は、それほど簡単ではありません。「信仰すれば、天才になる」と言えるほど、現実《げんじつ》は簡単ではないのです。

「信仰」と「天才」の間には、当然《とうぜん》ながら、何か埋《う》めるべきものがあります。

信仰と天才の間を埋めるものとは、いったい何でしょうか。今日は、それを、みなさんと一緒《いっしょ》に考えてみたいと思います。

みなさんは、これから、中学生や高校生として、勉強らしい勉強を本格的《ほんかくてき》に始めます。みなさんのなかには、「いや、すでに受験《じゅけん》勉強を経験《けいけん》したので、勉強らしい勉強はした」と言う人もいるでしょう。しかし、私自身は、中学校あたりの勉強から、やっと勉強らしい感じになり、高校あたりから本格的な感じがしてきたことを覚《おぼ》えています。それが私の率直《そっちょく》な感触《かんしょく》です。

その勉強らしい勉強が始まるにあたり、最初《さいしょ》に、心構《こころがま》えとして言っておきたいのは、「知的《ちてき》正直さ」です。これが大事であることを、まず言っておきたいのです。

勉強する者の態度《たいど》として、正直であることが大切です。この「正直である」とは、単に、世間で言う、「嘘《うそ》を言わない」などという意味ではなく、「勉強において自分の理解《りかい》をごまかさない」という態度のことです。

ともすれば、いい加減《かげん》な理解や生半可《なまはんか》な理解で、分かったような気持ちになり、その部分を通過《つうか》してしまうことがあります。あるいは、よく分からないままで放《ほう》置《ち》してしまうこともあります。

英語や数学の勉強で、「分からないけれども、そのうち分かるようになるかな」と思って、よく理解しないまま、いい加減なところでごまかしてしまう。あるいは、答え合わせをして、その答えだけを覚えてしまう。国語で、分からない文があっても、何となく、「こんな感じかな」と思って、読み飛《と》ばしてしまう。

そういうやり方をし、自分自身で自分の勉強をごまかす気持ちを持っている人は、残念《ざんねん》ながら、その後、学力が伸《の》びることがないのです。他人はごまかせても、自分自身はごまかせません。自分自身の良心《りょうしん》をごまかすことはできないのです。

特《とく》に、新しく学ぶ学問が分からないことだらけなのは当然のことです。

例《たと》えば、日本人として生まれ、他国の言語である英語を初《はじ》めて勉強するのであれば、最初は、できなくて当然なのです。また、数学にも、初めて習うことは数多くあり、よく分からなくて当然です。理科や社会もそうです。国語であっても、なかには、よく分からない、難《むずか》しい文章があります。当然です。

分からなかった部分を先生がたに質問《しつもん》すれば、理解できるのか、それとも、もう少し努力《どりょく》しなければ、分かるようにならないのか、それは事柄《ことがら》によります。しかし、分からないことに耐《た》え、「今、自分は、ここまでは理解できているけれども、ここから先は分かっていない」ということを正直に見極《みきわ》める努力が必要《ひつよう》です。

この「知的正直さ」をきちんと持っている人の学力は伸びていきます。しかし、よく理解していないにもかかわらず、いい加減にごまかして勉強していくと、だんだん、あとになるほど分からなくなってくるのです。

## 「分からない苦しさ」に耐《た》える

東京には開成《かいせい》や麻布《あざぶ》など有名な進学校があります。しかし、六年制《せい》の有名な中高一貫校《いっかんこう》を卒業《そつぎょう》したにもかかわらず、何度、一流大学を受験しても、受からない人がいます。そういう人たちは、実は、中学校の勉強からやり直さなければ駄目《だめ》なのです。

彼らは、中学校のときに、勉強をサボり、怠《なま》けていたため、基礎《きそ》の部分が固《かた》まっていません。高校二年生ぐらいから、急に勉強し始め、一生懸命《いっしょうけんめい》、難しい問題を解《と》いたとしても、基礎の部分が固まっていないと、やがて崩《くず》れていきます。

そのため、「有名な進学校の卒業生であっても、大学に受からない」ということが起きてくるのです。

そういう人は中学校の勉強からやり直さなければいけません。中学校の英語や数学が分かっていなければ、高校以降《いこう》の勉強をどんどん進めたり、大学入試《にゅうし》問題ばかりを解いたりしても無駄《むだ》です。いくら勉強しても、一定以上には成績《せいせき》が上がらなくなってくるのです。

それは「知的正直さ」を持っていなかった結果《けっか》なのです。「あとでどうにかなる」と思ってごまかし、理解を先延《さきの》ばしにしてきた結果として、そのようになったわけです。

したがって、まず、出発点として、「知的正直さ」を持つことが必要です。

要するに、自分自身は、ごまかせないのです。そのことを知ってください。

ほかの人をごまかすことはできます。先生に対しても、ごまかせる可能性《かのうせい》はあります。テストの問題を解くとき、当てずっぽうで答えが合うこともあります。

しかし、当てずっぽうで正解した場合と、本当に分かっていて正解した場合との違《ちが》いを、自分だけは知っているはずです。

そのように、「理解しているか、していないか」ということを、きっちりと分けて考える癖《くせ》をつけてください。そういう人は、あとになってから成績が伸びてくるのです。

「知的正直さ」を、英語では〝intellectual《インテレクチュアル》 honesty《オネスティ》〟といいます。難しく言えば「知的廉直《れんちょく》」です。

この「知的正直さ」を身につけるのは、とても難しいのです。私は、これを、いつも肝《きも》に銘《めい》じています。

「知的正直さ」の実践《じっせん》は、社会人になってからも非常《ひじょう》に難しく、すぐに「分かったような気持ち」になってきます。何事も、一定以上の勉強をすると、ある程《てい》度《ど》、分かったような気になり、慢心《まんしん》して〝天狗《てんぐ》〟になるときがあります。自分についても、さまざまなことがよくできるようになった気がするのです。

しかし、その境地《きょうち》を通り越《こ》していくと、今度は、「自分には、分からないことやできないことが数多くある」ということが気になってくる段階《だんかい》があります。その段階にいる間は、「分からない」という苦しさに耐《た》えなければいけないのです。

これは、野球で言えば、スランプの時期に当たるでしょう。プロ野球のバッターでも、あまり打てないときがあります。そういうスランプの時期が来るのです。

ただ、分からないこと、できないことに耐えて、努力を続《つづ》けていくと、あるとき、その壁《かべ》を乗り越え、さらに先に進むことができるようになります。

したがって、自分自身をごまかさず、「これは自分自身の本来の姿《すがた》ではない」ということを、よく知ることが必要なのです。

これが一点目に述《の》べておきたいことです。

# 3　天才とは何か

## 「天才かどうか」は結果《けっか》で判断《はんだん》される

次に、「天才とは何か」ということにも触《ふ》れなくてはならないでしょう。

特殊《とくしゅ》な分野においては、比較的《ひかくてき》早いうちに才能《さいのう》が出てきて、「天才」と言われるような人はいるのかもしれません。例《たと》えば、音楽やスポーツの世界、あるいは、数学や物理の世界などには、わりに早めに才能が出てくる人もいることはいるので、例外《れいがい》はないとは言えないのです。

しかし、私は今まで数多くの人を見てきましたが、一般的《いっぱんてき》に言って、「ずばり、才能的に見て天才」と言い切れるような人は、残念《ざんねん》ながら、世の中にはいません。

天才と言われる場合、それはみな結果論《けっかろん》です。

その人が一定の業績《ぎょうせき》や非凡《ひぼん》な業績をあげたとき、それを見て、周《まわ》りの人たちが、「あれだけの実績をあげたのだから、さぞ天才的な才能を持っているのだろう。天才に違《ちが》いない」と認《みと》めてくれるようになります。しかし、そういう業績をあげる前の段階《だんかい》では、なかなか認めてはくれないものなのです。

特に、文科系《けい》では、天才は、そう簡単《かんたん》に認めてもらえるものではなく、世に認められるのは早くても四十歳《さい》ぐらいのことが多いのです。

学問的に一定の蓄積《ちくせき》が要《い》る領域《りょういき》においては、天才には、そう簡単になれるものではありません。それは、あくまでも努力《どりょく》の結果なのです。

したがって、努力もせずに、「自分は天才にはなれない」と早々《はやばや》と決めつけたり、あきらめたりしないことが大事です。

## イチロー選手《せんしゅ》に見る「継続《けいぞく》の大切さ」

みなさんに分かるように、今、大リーグで活躍《かつやく》しているイチロー選手《せんしゅ》を例にとってみましょう。

イチロー選手は、大リーグで首位《しゅい》打者を獲得《かくとく》した年に、日本政府《せいふ》から「国民栄誉賞《こくみんえいよしょう》を授与《じゅよ》したい」と打診《だしん》されましたが、辞退《じたい》しました。

彼は、一般的な日本人の目から見れば、一種《いっしゅ》の天才なのだろうと思います。彼が出した結果から、そう見えるのでしょう。しかし、本人には、「自分は天才である」という自覚《じかく》はあまりないだろうと私は思います。

彼は、小学校時代から、毎晩《まいばん》のようにバッティングセンターに通い、バットで球を打つ練習を、一生懸命《いっしょうけんめい》、手にまめができるまでやっていました。「こんなに練習をしなければいけない自分が、天才なわけはないだろう」と、彼は思っているでしょう。

また、彼は、「甲子園《こうしえん》で優勝《ゆうしょう》し、ドラフトで一位指名を受ける」というようなかたちで、華々《はなばな》しくプロ野球の世界に入ったわけではありません。

そのため、「素質《そしつ》において天才だ」とは自分では思っておらず、「天才的な素質によるのではなく、誰《だれ》も見ていないところでコツコツと努力することによって、現在《げんざい》の地位を築《きず》いてきた。だから、ほんの一年でも、その努力をやめてしまったら、自分は〝ただの人〟になってしまう」と思っていることでしょう。

しかし、それを知っているところが非凡なのです。

周りの人は彼を「天才だ」と言いますが、実際《じっさい》には努力しているのです。

また、自分が好《す》きな方向においてでなければ、天才にはなれません。好きであれば才能がまったくなくてもよいとは言いませんが、あえて言えば、「好きである」ということは、「ある程度《ていど》、才能がある」ということでもあるので、その好きな方向において努力を継続《けいぞく》していくことが大事です。

「継続の大切さ」を知ってください。情熱《じょうねつ》を持って、あきらめずに努力していくことが、結局は天才を生むことになるのです。

「情熱《じょうねつ》」「努力《どりょく》」「忍耐《にんたい》」「継続《けいぞく》」の天才であってほしい

みなさんも、結果論として、いろいろと言われることはあるでしょう。しかし、私は、みなさんに、「情熱《じょうねつ》の天才」であってほしいし、「努力《どりょく》の天才」であってほしいし、「忍耐《にんたい》の天才」であってほしいし、「継続《けいぞく》の天才」であってほしいと思います。

続《つづ》けていくこと、積《つ》み重ねていくことが大事です。それは、あとになればなるほど、絶大《ぜつだい》な効果《こうか》を発揮《はっき》してきます。ほかの人との違いが歴然《れきぜん》としてくるのです。

私も、中学校や高校のころには、そこそこ優秀《ゆうしゅう》な人を数多く見てきましたが、そういう人たちが、大学に入り、やがて社会人になったとき、意外に活躍していない姿《すがた》も数多く見てきました。

高校時代に、「あいつは天才ではないか」と言われるぐらい、勉強のよくできた人が、社会人になってからは意外に活躍していません。

要するに、「大学に入るまでの人であった」ということでしょうか。そのように、大学を卒業《そつぎょう》した段階で終わってしまう人が大勢《おおぜい》いるのです。

大事なのは、「学校時代は、人生における基礎力《きそりょく》を身につける時期である。その時期の勉強によって、将来《しょうらい》、仕事ができるようになる能力を身につけるための訓練《くんれん》を受けているのだ」ということです。

大学卒業が最終目標《さいしゅうもくひょう》ではありません。みなさんは、将来、社会に出て仕事をするための能力を、今、身につけているわけです。そして、実社会に出てからも努力を継続していく人が認められ、道を拓《ひら》いていくようになるのです。

そのことを、どうか忘《わす》れないでいただきたいと思います。

## 毎晩《まいばん》、少しずつ時間を割《さ》いて作成《さくせい》した『英単熟語集《えいたんじゅくごしゅう》』

二〇〇九年三月に、私はオーストラリアのシドニーで英語説法《せっぽう》を行いましたが（演題《えんだい》は「You《ユー》 Can《キャン》 Be《ビー》 the《ザ》 Person《パーソン》 You《ユー》 Want《ウォント》 to《トゥ》 Become《ビカム》.」〔人は、願《ねが》ったとおりの人間になれる〕）、そのころ、私は『英単熟語集《えいたんじゅくごしゅう》』の第一集をつくっていました。

そして、この一年間で十四冊《さつ》の『英単熟語集』を書きました（説法当時。二〇一一年九月時点で、すでに三十数冊の『英単熟語集』を刊行《かんこう》している）。

これはプロの英語研究家や受験《じゅけん》の研究家でも書けない冊数だと思います。

また、英文解釈《かいしゃく》のテキストも、すでに十数冊を書いています。

つまり、この一年間で私は二十冊以上《いじょう》の英語の参考書《さんこうしょ》をつくったのです。

これらの英語テキストの多くは、幸福の科学学園生と仏法真理塾《ぶっぽうしんりじゅく》「サクセスNo.1《ナンバーワン》」の塾生のために書いたものです。

しかし、はた目に見ても分かるとおり、私は、かなり忙《いそが》しい日々を送っています。教団《きょうだん》の仕事も忙しいのですが、その仕事のための勉強も数多くやらなければいけません。幸福の科学学園生やサクセス生のために割《さ》ける時間は、それほど多いわけではないのです。

したがって、英語の参考書は、本当に、毎日、少しずつコツコツと作業を積み重ねてできたものです。イチロー選手がバッティングセンターで打撃《だげき》練習をしていたのと同じようなもので、繰《く》り返しの結果なのです。

例えば、『サクセスNo.1 大学受験 英単熟語集 必勝編《ひっしょうへん》』という大学受験用テキストがあります。

これは、去年（二〇〇九年）、幸福の科学の映画《えいが》が上映され、教団が盛《も》り上がっていた十月や十一月に、自分の仕事が終わったあと、夜の十時から寝《ね》るまでの時間を使い、単語と熟語を一つひとつカードに書き抜《ぬ》いて作成《さくせい》したものなのです。

ずいぶん時間がかかりましたが、数百枚《まい》ものカードをつくり、それをつないで作成しました。書店で一般の人に売るためではなく、学園生やサクセス生が使うためだけにつくった本です。私自身がやらなくてもよい仕事ではあったのですが、「学園生やサクセス生が、より効果的な勉強をし、よい進学や職業選択《しょくぎょうせんたく》ができるように」という気持ちで、毎晩《まいばん》、十時から寝るまでの間、仕事をしていたのです。

そのように継続をしていると、気がつけば一年で十数冊も英単熟語集をつくることができます。これは習慣《しゅうかん》の力です。毎日毎日、少しずつ少しずつ、やり続けていけば、そういうことができるのです。

## 努力《どりょく》を継続《けいぞく》すれば、いずれ実を結《むす》ぶ

私は英語のテキスト以外にも大量《たいりょう》の本を書いています。この二十数年間で五百冊以上の著書《ちょしょ》を出しました（説法当時。二〇一三年十二月現在、三千百五十冊以上発刊)。これは、通常《つうじょう》、なかなか書ける量ではありません。

また、説法も、現在までに、千三百回ぐらい行っていますが(説法当時。二〇二三年十二月現在、三千五百回以上)、今のところ、私は三千回の説法を目標にしています。

大切なのは「継続《けいぞく》」「積み重ね」です。努力《どりょく》を積み重ねていくうちに、普通《ふつう》ではなくなってきます。途中《とちゅう》までなら誰にでもできる領域があるのですが、努力を積み重ねていくうちに、普通ではなくなってくるときがあるのです。

「三千回の説法を目標にする」と述《の》べましたが、これは、プロ野球で言えば、安打《あんだ》(ヒット)を数百本ではなく三千本も打つことと同じでしょう。したがって、それなりに難《むずか》しいのです。

しかし、努力の積み重ねによって非凡な実績が出てきます。世間の人は、それを知らずに、結果だけを見て判断しますが、本当は水面下の努力が人間をつくっていくのです。

「生まれつき頭がよいから、結果的に勉強や仕事がよくできるのだ」と単純《たんじゅん》に考える人もいますが、その説を私は信《しん》じません。やはり、「努力に応《おう》じた結果が出てくる」と見ています。

努力した結果の現れ方には、人によって、早い遅《おそ》いが当然ありますが、努力を継続すれば、いずれ実を結《むす》ぶのです。

「ウサギとカメ」という有名な話があります。「足の速いウサギは、速く走っていったが、途中で昼寝をしてしまったため、あとから来たカメがウサギを追い抜いていった」という話ですが、これは人生の真実なのです。

今は「大きな差《さ》がある」と思っていても、コツコツと努力しているうちに、意外なところまで進んでいくものです。それを知っていただきたいと思います。

これは、仏教的に言えば「縁起《えんぎ》の理法《りほう》」です。

先ほど発表をしていた学園生は、まだ高校一年生であるにもかかわらず、「縁起の理法」という言葉を使っていました。私は、「難しいことを言うなあ。高一で縁起の理法を知っているのか。学園生は、なかなか優秀かもしれない。私が言う言葉を、全部、理解するのではないか。これは、なめてはいけない。甘《あま》く見てはいけない」と思い、〝震《ふる》え〟が来たのです。

「縁起の理法」とは、「原因《げんいん》があり、それに努力・精進《しょうじん》という条件《じょうけん》が加《くわ》わって、結果が出てくる」という考え方です。結果が出てくるのにかかる時間は、人によって多少の差がありますが、「努力は、何らかのかたちで、必《かなら》ず報《むく》いられるようになる」ということを信じていただきたいと思います。

これは重要な考え方なので、繰り返し述べておきます。

# 4　幸福の科学学園生は「世界のリーダー」となれ

## 嫉妬心《しっとしん》に打ち克《か》つことは修行《しゅぎょう》の第一歩

幸福の科学学園が信仰《しんこう》に基《もと》づいてできた学校である以上《いじょう》、学園生のみなさんに、ぜひとも覚《おぼ》えておいていただきたいことが一つあります。

学校生活を送っていると、試験《しけん》などでの競争《きょうそう》があるため、他の人と自分とを比較《ひかく》し、他の人をうらやましく思ったり、妬《ねた》ましく感じたりする気持ちが出てくることがあると思います。しかし、それでは、外の世界にいる普通《ふつう》の人たちと同じであり、幸福の科学学園生の生き方として、ふさわしくありません。

人間には嫉妬心《しっとしん》が出てくることがありますが、「嫉妬心の克服《こくふく》」は非常《ひじょう》に大事です。嫉妬心に打ち克《か》つことが、実は修行《しゅぎょう》の第一歩でもあるのです。

「他の人がうらやましい」という気持ちでいては自分自身のためになりません。その嫉妬の心を抑《おさ》え、「他の人に嫉妬している暇《ひま》があったら、自分が少しでも勉強し、努力《どりょく》しよう」と考えることが大事です。

嫉妬は、自分を伸《の》ばす力には決してなりません。したがって、嫉妬している暇があったら、自分を高める努力をしていただきたいと思います。

## 全寮制《ぜんりょうせい》の幸福の科学学園では、通学・通塾《つうじゅく》時間を節約《せつやく》できる

また、幸福の科学学園に通うメリットというか、利点《りてん》として挙《あ》げられる点は、通学や通塾《つうじゅく》にかかる時間を節約《せつやく》できることです。

都市部では、通学に片道《かたみち》で一時間十分から二十分ぐらいかかることもあるので、とても疲《つか》れます。それに加《くわ》えて、通塾もすると、さらに疲れます。

しかし、幸福の科学学園は全寮制《ぜんりょうせい》なので、その分の時間がほとんどかかりませ

ん。そのため、その時間を、部活や運動、生徒会《せいとかい》や文化祭の活動などに有効《ゆうこう》に生かすこともできます。普通は通学で使われてしまう時間を、自分の体を鍛《きた》える時間などとして使うことができ、さらに勉強時間も確保《かくほ》できるのです。

実は、これが幸福の科学学園の最大《さいだい》の利点の一つなのです。

さらに、幸福の科学学園では、都市部にあるような、中高生に対する誘惑《ゆうわく》が非常に少ないので、学業期に勉強に専念《せんねん》できるのです。

このように素晴《すば》らしい環境《かんきょう》のなかで、「みなさんが今持っている以上の能力《のうりょく》を、ぜひ開花させたい」と私は思っています。

幸福の科学学園を、「生徒たちが、入学したときよりも、卒業《そつぎょう》するときのほうが、はるかに優秀《ゆうしゅう》な人物になっている」と言われるような学園にしたいのです。

そのために、学園生の学力を着実に伸ばすだけではなく、人格《じんかく》教育や宗教《しゅうきょう》・道徳《どうとく》教育、また、体育等を通して、「体を鍛える」という教育もしていきます。

## 「仕事ができる人」と「できない人」の違《ちが》いとは

私は、「勉強ができる人間」の先にあるものとして、「仕事ができる人間」を、ぜひつくりたいのです。

「勉強ができても、仕事ができない」という人は世の中に大勢《おおぜい》います。「勉強ができても、仕事ができない人」と、「勉強ができて、仕事もできる人」とがいるのです。この違《ちが》いを普通の学校では教えてはくれません。

では、「仕事ができる人」と「できない人」の違いは、どこにあるのでしょうか。

一つは、「本当に、『世の中のために、お役に立ちたい』という情熱《じょうねつ》を持っているか」ということです。

もう一つは、実は、「いかに創造的《そうぞうてき》なものの考え方ができるか」ということです。

今年、当会は私の著書《ちょしょ》『創造の法《ほう》』（幸福の科学出版刊）に基づいて活動していますが、これからの時代においては、「新しいものをつくり出す力」「世の中にまだない、これからのものをつくり出していく力」を身につけることが大事です。これを身につけることが、未来《みらい》を拓《ひら》くことに必《かなら》ずつながっていきます。

幸福の科学学園生が社会に出たときに、「学園生は仕事がよくできる。使える。本当に重宝《ちょうほう》だ」と言ってもらえるかどうか、それは、「この学園で学ぶ三年あるいは六年の間に、『新しいものをつくり出していく力』を身につけて卒業できるかどうか」ということにかかっているでしょう。

そうした創造性のある教育をしていきたいと考えています。

## 各教科《かくきょうか》に対して、どう考えるべきか

科目別《かもくべつ》の留意点《りゅういてん》にも簡単《かんたん》に触《ふ》れます。

宗教家として立派《りっぱ》な仕事をしたいなら、国語や社会ができなければなりません。

また、国際人《こくさいじん》として成功《せいこう》したいなら、英語ができなければ話になりません。今、世界語と言えるものは英語しかないのです。みなさんが世界に通用するかしないかは、英語ができるかできないかにかかっています。これは文系《けい》・理系を問いません。英語ができなければ、世界に出て活躍《かつやく》することはできないのです。

しかし、英語は、日本に生まれただけでは、できません。外国語は、努力して勉強しないかぎり、できるようにはならないのです。「語学に天才なし」です。これは、はっきりしています。あとは、「いかに効率《こうりつ》よく、集中して勉強するか」ということが大事です。

さらに、宗教系の学校の場合、数学や理科があまり強くないことが多いのですが、幸福の科学学園は、そういうわけにはいきません。幸福の科学は、今、「未来産業《さんぎょう》を起こしていく」ということに非常に力を入れています。未来産業を起こしていくためには、やはり数学や理科の力も必要《ひつよう》になってくるのです。

それは、この国を没落《ぼつらく》させずに発展《はってん》させていくために必要なことです。新しい産業をつくっていかなければなりません。過去《かこ》のものでは、もう食べていけないのです。

文明は理科系と関係《かんけい》があります。また、文化は文科系と関係があります。

理科系の方面に進んでいく人には、数学や物理、化学などを、しっかりと勉強していただきたいと思います。

文科系に進む人の場合、数学を難《むずか》しく感じることが多いのですが、数学によって養《やしな》われる、「物事を論理的《ろんりてき》に考え、速く正確に処理《しょり》する力」は、社会人になってから非常に役に立ちます。仕事が不正確《ふせいかく》な人は、どうしても信用されません。

このように、どの科目も大事です。大事な科目だらけですが、それらに取り組むなかで、自分自身の適性《てきせい》を見いだし、長所を生かせる職業《しょくぎょう》を見つけていくことが求《もと》められていると思います。

## 信仰心《しんこうしん》があり、勉強も仕事もよくできる人間になろう

幸福の科学学園が特《とく》に力を入れていきたいことは宗教教育です。幸福の科学学園は宗教教育をベース（基礎《きそ》）に置《お》いています。

残念《ざんねん》ながら、世間では、偏差値《へんさち》が上がり、大学進学率が上がっていけばいくほど、また、人々が〝よい大学〟へ行けば行くほど、信仰心《しんこうしん》が薄《うす》れてくる傾向《けいこう》があります。宗教に縁遠《えんどお》くなり、そういうことよりも、この世のほうに関心があって、唯物論《ゆいぶつろん》というか、物質《ぶっしつ》のほうに関心のある人が数多く生じてきます。

しかし、それは間違った世の中なのです。やはり、真実が真実として認《みと》められる世の中をつくらなければなりません。

その意味において、「信仰のある人が、きちんと勉強も仕事もできる」という未来社会をつくっていかなくてはならないのです。そうであってこそ、みなさんは、リーダーとして、世間の人々を導《みちび》く立場に立てることになると思います。

「信仰心がある人は勉強や仕事ができない」という見方を、私は決して認めたくありません。

したがって、みなさんには、多くの人々から理想とされ、まねされるような人間であっていただきたいと思います。

私たちの希望《きぼう》は大きいのです。私は、日本のリーダーをつくるために、この学校をつくったのではありません。世界のリーダーをつくるために、幸福の科学学園をつくったのです。そのことを、どうか忘《わす》れないでください。

幸福の科学学園は一つのモデルです。このモデルが世界に広がっていきます。幸福の科学学園は、やがて海外にもできていき、世界のモデルになっていきます。その源流《げんりゅう》に、今、みなさんはいるのです。

「みなさんが、どういう人間になっていくか」ということが、これからの世界の方向を決め、世界のリーダーのあり方を決めます。世界の人々が、みなさんを見るようになっていきます。

私たちの志《こころざし》は限《かぎ》りなく大きいのです。

どうか、そうした私たちの情熱を受け止めていただきたいと思います。

# 5 「信仰《しんこう》」と「天才」をつなぐもの

## 努力《どりょく》に勝《まさ》る天才なし

私が今日述《の》べたいことを繰《く》り返します。

信仰心《しんこうしん》ある人であるならば、「知的《ちてき》正直さ」という言葉を大事にしてください。

そして、学問的な天才が簡単《かんたん》にできると思わないでください。「天才と言われている人のほとんどは、努力《どりょく》の継続《けいぞく》によって成《な》り立っている」ということを知っていただきたいのです。

また、「勉強ができるだけで終わりではない」ということ、「大学に入るところで終わりではない。それは入り口にしかすぎない」ということを知ってください。

「幸福の科学学園を卒業《そつぎょう》し、社会に出て仕事ができるようになり、世の中の人々のために役に立つ人間になって初《はじ》めて、幸福の科学学園生と言える」と述べておきたいと思います。そうなってこそ、ご両親に対して恩返《おんがえ》しができるのです。

今朝《けさ》も、いろいろな方が挨拶《あいさつ》で「感謝《かんしゃ》・報恩《ほうおん》」と言っていましたが、幸福の科学学園ができるに際《さい》しては、数多くの方々が助力をしてくださいました。

この大川隆法記念講堂《きねんこうどう》の入り口前には、学園建設《けんせつ》に尽力《じんりょく》された方々の名前が刻《きざ》まれた銘版《めいばん》があります。そこに刻まれているのは、みなさんのご両親ではない方々の名前です。

みなさんと直接《ちょくせつ》には関係《かんけい》のない方々、血のつながりもない方々が、未来《みらい》の日本や世界を背負《せお》って立つ人材《じんざい》のために、寄付《きふ》をしてくださったのです。幸福の科学学園は、そういう方々の熱《あつ》い情熱《じょうねつ》が加《くわ》わってできている学園なのです。

また、幸福の科学学園では、先生たちも、教育への情熱で熱く燃《も》えています。みなさん、どうか、それを受け止めてください。

人間の能力《のうりょく》に大きな差《さ》はありません。「努力に勝《まさ》る天才なし」ということを、信仰において学んでいただきたいのです。

他の学校に負けるような、凡庸《ぼんよう》な学校には、絶対《ぜったい》に、したくありません。ぜひ、「日本中から、そして世界から、注目を浴《あ》びて当然《とうぜん》である。それが当たり前である」と言えるような学校にしたいと考えています。

## 「感謝《かんしゃ》」「報恩《ほうおん》」は人間としての原点

幸福の科学学園を卒業した段階《だんかい》で、ご両親に対し、「ありがとうございました。本当によいところで勉強させていただきました」と言えるようなみなさんになってほしいと思います。

また、入学に際しても、今日、このあと、ご両親とお別《わか》れをするときに、まず、「ありがとうございました」とお礼を言えるようであってほしいものです。

それが、人間としての原点、人間としての出発点であり、大人への第一歩です。どうか、感謝《かんしゃ》・報恩《ほうおん》の思いを具体化できる人間になってください。世間の人々から尊敬《そんけい》されればされるほど、その恩を返していける人間になってください。

みなさんが会ったこともなく、名前も知らない人たちが、この学園を支《ささ》えてくださり、つくってくださったのです。幸福の科学学園のための寄付は日本全国から集まり、海外からも集まりました。そういう人たちのおかげで、みなさんは、これから何年間か、この学園で学べるのです。

どうか、それに対する感謝の気持ちを全世界に返してください。

そして、のちに来る後輩《こうはい》たちのために、美しく正しい伝統《でんとう》をつくってください。それをつくり出すのは、みなさん自身です。みなさんが、第一期生として、その伝統をつくり、後輩たちを導《みちび》いてください。

「新しく学園をつくる現場《げんば》にいる」ということは極《きわ》めて貴重《きちょう》な経験《けいけん》なのです。

みなさんが、やがて社会に出て、例《たと》えば事業家になり、会社をつくる際には、この経験はとても大事です。「新しく物事をつくることは、どれほど大変《たいへん》で貴重であるか」ということを、どうか経験してください。

そして、自分一人の力ではなく、他の人と協調《きょうちょう》し、チームワークの力で大きなものをつくっていこうとする精神《せいしん》を学んでください。

それが、今日、私がみなさんに伝《つた》えたいことです。

「信仰」と「天才」をつなぐ言葉は「努力」「忍耐《にんたい》」「継続」です。そして、「感謝」「報恩」という心です。

どうか、そういう言葉でもって未来を切り拓《ひら》いてください。

# 第2章

# 勉強と心の修行《しゅぎょう》

二〇一〇年七月二十日（火）
幸福の科学学園一学期終業式当日の法話

## 1　将来《しょうらい》が楽しみな幸福の科学学園生

### 学校生活のなかに無駄《むだ》なものは何もない

幸福の科学学園那須《なす》本校は、開校後、最初《さいしょ》の一学期を終え、終業式を迎《むか》えました。私は、終業式の様子を中継《ちゅうけい》で見ていましたが、入学してわずか一学期の間に、生徒《せいと》のみなさんがかなり成長《せいちょう》したように見受けられたので、とてもうれしく思いました。

勉強に努力《どりょく》したり、スポーツ面でそうとう活躍《かつやく》したり、また、それ以外《いがい》の寮《りょう》生活等でお互《たが》いに世話をし合ったりするなど、いろいろな面で新しい自分を発見しつつあるように感じました。

私だけでなく、私と一緒《いっしょ》に終業式を見ていた幸福の科学のスタッフも、みな、「生徒たちが、人前で堂々《どうどう》と立派《りっぱ》に発表をし、しかも、自分の言葉で長く話ができる」ということに驚《おどろ》いていました。これは、意外にすごいことなのです。

もちろん、学校で勉強がよくできることも素晴《すば》らしいことですが、「人前で話ができ、自分の意見をきちんと言える」ということは、社会に出ると非常《ひじょう》に高い評価《ひょうか》を受けます。

これは、学校では、なかなか点数に表れないものですが、実際《じっさい》に社会に出てから、学校の成績《せいせき》とは関係《かんけい》なく出世していく人は、たいていの場合、人前で話をするのが上手であったり、いろいろな企画《きかく》を思いついて提案《ていあん》する力が高かったりすることが多いのです。

そういう能力《のうりょく》は、勉強以外の学校生活のなかでも、身につけることができるものです。意外な部分が、将来《しょうらい》、役に立ってくる場合もあるので、「学校生活のなかに無駄《むだ》なものは何もない」ということを知ってほしいと思います。

もちろん、学校での主力は勉強です。勉強がよくできるということは、将来、どのような職業《しょくぎょう》に就《つ》いても、ある程度《ていど》、仕事ができるようになるための前提です。つまり、社会に出て、頼《たの》まれた仕事、任《まか》された仕事が、きちんとできるようになるためには、学校でしっかりと勉強する訓練《くんれん》をしておくことが大事なのです。

勉強でミスが多い人は、仕事をしてもミスがたくさん出るので、上司《じょうし》に怒《おこ》られたり、同僚《どうりょう》に迷惑《めいわく》をかけたりするようになります。その意味で、勉強は大事なのです。

すべての教科がよくできるタイプの人は、全体を見るような仕事が向いていています。一方、特定《とくてい》の教科が非常によくできるタイプの人は、そちらの方面に才能があることを意味しており、そのなかに自分の将来の職業が見えてくる可能性《かのうせい》があると言えます。

## 社会的に認《みと》められつつある幸福の科学学園

幸福の科学学園は、スポーツの面でも、テニスで優勝《ゆうしょう》したり、水泳で入賞《にゅうしょう》したりしているようなので、とてもうれしく思っています。

スポーツの面から、いち早く宣伝《せんでん》してくれており、「幸福の科学学園、ここにあり」ということが、しだいに人々に知られ始めてきているようです。

それから、体育祭や、その他のいろいろな活動を見ていると、芸術的《げいじゅってき》なセンスもそうとう高いように感じます。したがって、将来、音楽や芸能、タレント系《けい》の活動をする人、あるいは、まったく新しい創造的《そうぞうてき》な仕事をする人も数多く出てくるのではないかと思います。

また、先日、仏法真理塾《ぶっぽうしんりじゅく》「サクセス№１《ナンバーワン》」の東京本校では、中学三年生が外部の模試《もし》を受験《じゅけん》したのですが、その際、志望校《しぼうこう》の選択一覧《せんたくいちらん》に幸福の科学学園のコードが入っていたので感激《かんげき》したそうです。幸福の科学学園も、外部の模試において志望校の一つとして選《えら》ばれる時代が来たということです。

入学を希望《きぼう》しても、そう簡単《かんたん》には入れないでしょうが、「入れる」と思って受験する人は、おそらく、かなりいるだろうと思います。例《たと》えば、学園生がテニスで活躍したりすると、栃木《とちぎ》県の生徒などが、「テニスが強いらしい」という理由で受けてくることはあるかもしれません。

このように、幸福の科学学園の存在《そんざい》は、社会的にしだいに認《みと》められてきつつあります。

幸福の科学学園のみなさんは、各個人《かくこじん》で努力されているのでしょうが、それによって、当会の活動が広く知られることになっていますし、そのことが、また、みなさんの喜《よろこ》びにもなっているようです。今後が、とても楽しみです。

## 日本や世界から期待される人材《じんざい》となれ

現在《げんざい》、幸福の科学では、幸福の科学学園関西《かんさい》校の設立《せつりつ》を進めています。那須本校での三年間の経験《けいけん》を生かし、二〇一三年には、関西に新しく兄弟校がスタートする予定です（当初の計画どおり、二〇一三年に開校）。

そして、中学校の一期生が大学に進む二〇一六年には、幸福の科学大学を開くつもりで、今、着々と準備《じゅんび》を進めています。

計画当初は、「人間幸福学部」「国際学部」「経営成功《けいえいせいこう》学部」の三学部を構想《こうそう》していたのですが、理系の人も多いので、理工学部か何かをつくらなければいけないと考え、今、少し研究に入っています。

それから、学園生のなかに、政治家《せいじか》志望の人がだいぶいて、「政治家になりたいので、法学部をつくってほしい」という声が出ていると聞いたため、「それならば、少し考えなければいけない」と思い、これも検討《けんとう》に入っています（二〇一五年、ハッピー・サイエンス・ユニバーシティ〔HSU〕として開学。「人間幸福学部」「経営成功学部」「未来産業学部」「未来創造学部」の四学部がある）。

幸福の科学は、東京の赤坂《あかさか》に、総合《そうごう》本部と同じぐらいの広さの土地を持っており、「ユートピア活動推進館《すいしんかん》」というものを建《た》てる予定になっています（二〇一二年五月落慶）。そこは、首相官邸《かんてい》から歩いて数分の場所にあり、もともとは、幸福実現党《とう》が第一党になって政権《せいけん》を取ったときに、首相官邸まで歩いて行けるように考えて取得《しゅとく》した土地なのです。

現時点では、まだ遠い道のりですが、気持ちだけは先に走っていて、「ユートピア活動推進館」を建てるつもりでいます。その建物には政党本部が入りますが、空間的な余地《よち》がまだあるため、法学部に相当する「未来創造学部」のようなものを、この都心の施設《しせつ》内につくってもよいのではないかと思い、検討を指示《しじ》しています（二〇一七年、未来創造学部のメインキャンパスは東京の東陽町にオープンした）。

学園生のなかから、「政治家になりたい」という人が数多く出てくるのであれば、その受け皿を用意しなければいけないでしょう。

そのように、幸福の科学学園の生徒たちのために、さまざまな準備を着々と進めています。みなさんの姿《すがた》を見ると、私は、「今後も発展《はってん》していかなければいけない」という責任《せきにん》を強く強く感じます。

幸福の科学学園の卒業生《そつぎょうせい》には、ぜひ、日本や世界から期待されるような人材《じんざい》になってほしいと考えているのです。

## 2 勉強についての心構《こころがま》え

### 「最初《さいしょ》の一歩」を踏《ふ》み出す勇気《ゆうき》を持とう

さて、本章のテーマは、「勉強と心の修行《しゅぎょう》」ということですが、幸福の科学学園の生徒《せいと》たちは、一学期の勉強のなかで、いろいろな経験《けいけん》を積《つ》んだと思います。

勉強は、中学生にとっても、高校生にとっても、とても大事なことです。「何のために勉強するのか」といえば、一般的《いっぱんてき》には、上の学校へ進学したり、将来《しょうらい》、職業《しょくぎょう》に就《つ》いたりするために必要《ひつよう》だからです。一般的には、そのように考えられています。

勉強というのは、マラソンによく似《に》ていて、最初《さいしょ》はつらいものですが、やっていくうちに、しだいに慣《な》れてきて、楽しくなってくるような面があります。

これは、会社などの仕事でも同じであり、「最初の一歩」「最初の一鍬《ひとくわ》」が、とても難《むずか》しいのです。

勉強に取りかかろうと思っても、なかなか最初の一歩を踏《ふ》み出せずに、先延《さきの》ばしにしたり、後回しにしたりすることがよくあります。そのように、なかなか勉強に手が出ないでいる人がいるわけです。

この気持ちに打ち克《か》つには、最初は努力《どりょく》が要《い》りますが、勉強する習慣《しゅうかん》を少しずつ確立《かくりつ》していくことが大事なのです。まず、最初の一歩を踏み出す勇気《ゆうき》を持つことが大切です。

会社の仕事でも、何かをやろうとするとき、最初はとても難しく感じるものです。しかし、「少しだけでも、やってみよう」と思って、最初の一歩を踏み出すと、あとは、わりと楽にできるようになってくることが多いのです。

## 「細分化の原理」を使えば、物事は易《やさ》しく見えてくる

それと、もう一つは、やるべきことを小さく分けていくことが大事です。これを「細分化の原理」といいますが、要するに、やるべき対象《たいしょう》を小さく分けていくことで、易《やさ》しく見えてくることがあるのです。

あまりに膨大《ぼうだい》なものは、一度にやろうとしてもできないので、小さく分割《ぶんかつ》していく必要があります。これは、ご飯《はん》を小分けにすると食べやすくなるのと同じやり方です。

そのように、やるべきことを小さくし、勇気を出して、最初の一歩を踏み出すことが、とても大事なのです。

例《たと》えば、最近、私は幸福の科学学園の中高生向けに英文法《えいぶんぽう》の講義《こうぎ》をしていますが、中学一年生ぐらいだと、「難しくて大変《たいへん》だ！」と、参《まい》っているかもしれません。

しかし、今は参っていても、中学三年生になったときには、「こんなのは簡単《かんたん》ではないか」と言うようになるでしょう。当然《とうぜん》、そうならなければいけないのです。

二年ぐらいかけて勉強すれば、そのくらいにはなれるはずなので、「これから、このようなことを勉強するのだ」という見通しを、あらかじめ、簡単にお見せしているわけです。

中学生のみなさんも、勉強するのは大変でしょうが、私のほうも、実は大変なのです。仕事はたくさんあるので、できない言い訳《わけ》をしようとすれば、いくらでもできます。

しかし、学園生をオーストラリアに行かせるためには（中学三年時の海外語学研修《けんしゅう》）、その程度《ていど》までは英語を勉強してもらわないと、行っても無駄《むだ》になってしまいます。オーストラリアへ行って、カンガルーと握手《あくしゅ》をして帰ってくるだけでは、やはり許《ゆる》されないでしょう。

「幸福の科学のオーストラリア正心館へ行って、ぜひ、オーストラリアの会員と話をしてきなさい」というミッション（使命）を与《あた》えているので、そのくらいのレベルまでは行かなければならないということです。

学園の先生がたにとっては負担《ふたん》が増《ふ》えるかもしれませんが、私は、それを百も承知《しょうち》の上で、生徒たちに強い衝撃《しょうげき》を与えて、学園の授業《じゅぎょう》が易しく感じられるようにしているのです。

ただ、中学英語も、一年間に、百時間、二百時間とかけてやっていくものなので、その一年分を数時間で講義してしまうのは、とても難しいことです。聴《き》くほうも大変ですが、講義をするほうも大変なのです。

私も、それが、それほど簡単ではないことぐらいは、よく分かっています。「最初は難しく感じる」という法則《ほうそく》は私にも働《はたら》いているので、「英文法の講義をするのは、きついなあ」と思うことはあります。

しかし、「最初の一鍬を入れなければいけない」と思って、最初の一ページから二ページぐらい、講義用のカードをつくったりすると、あとは、何とかできそうな気がしてきます。

私は、いろいろなことを知りすぎているために、どちらかと言うと、コンパクトにまとめることが難しくて、なかなか大変なのです。しかし、とにかく細分化し、小さく細かく砕《くだ》いて、少しずつ少しずつ、前へ進めていくようにしなければいけないのです。

さらに、学園には高校生もいるので、中学生の部は早く終わらせ、高校生を少ししぼらなければいけないと思っています。「中学生は、ゆっくりやってください」と言いたいところですが、そうはいかないのです。中学生の部を早く終わらせて、高校生の部まで攻《せ》め込《こ》まなければいけないと思い、私も頑張《がんば》っているのです。

このように、物事は、何でも、最初はとても難しそうに見えるものですが、まず一歩を踏み出す勇気を持つことと、対象を細分化し、小分けにして、「とりあえず、ここまでだけでもやってみよう」という気持ちでやってみることが大事です。

## 学問に天才なし

次に、私が述《の》べておきたいことは、やはり、「学問に天才なし」ということです。

中学・高校では、一般に、英語と数学ができる人が、「秀才《しゅうさい》」と言われることが多いでしょうが、日本人に生まれて、「生まれつき英語ができる」とか、「生まれつき数学ができる」とかいうことは、ありえないと思ってよいのです。

日本では、英語を使わずに、日本語で済《す》まそうと思えば済ませられるので、英語は、努力しないかぎりマスターできません。数学も同じです。普通《ふつう》は、買い物をして、お札《さつ》を数えたり、お釣《つ》りがいくらかを計算できたりすれば、あとは数学を使わなくても生活できないことはありません。

その意味で、英語も数学も努力感の伴《ともな》う科目であり、「何も努力をせずに、英語や数学ができるようになる人はいない」ということなのです。

生活で必《かなら》ず使わなければいけないものについては、自然に能力《のうりょく》が発達《はったつ》しますが、使わなくても済むものを努力してマスターするというのは、やはり大変なことです。

スポーツも学問も、その本質《ほんしつ》は基本的《きほんてき》に同じであり、孤独《こどく》な闘《たたか》いなのです。勉強は、一人でするものなので、最後は「自分との闘い」です。そうした自分一人の闘いのなかで、「心の力」を練り上げていくことが大事なのです。

## 勉強ができる人には、数多くのチャンスがめぐってくる

必ずしも、「勉強ができるから、仕事もできる」ということにはなりませんが、自分に数多くのチャンスを与えてくれることだけは間違《まちが》いありません。勉強ができるようになれば、いろいろなチャンスがめぐってくることがあります。「いろいろなかたちで、必ず、チャンスが与えられるようになる」ということを知っていただきたいのです。

例えば、勉強ができると、「この人は仕事ができるだろう」と、たいていの場合、みなが思ってくれるので、会社に入るときなどの「入り口」の部分を突破《とっぱ》しやすくなります。そして、入ったあとは、要領《ようりょう》よく勉強できる能力を仕事のほうに生かしていけば、仕事も手早く片付《かたづ》けられるようになります。

世の中が求《もと》めているのは、要するに、「速くて正確な仕事ができる人」です。

そういう人が欲《ほ》しいのです。仕事が遅《おそ》い人は嫌《きら》われますし、仕事が不正確《ふせいかく》で間違いの多い人も、やはり嫌《いや》がられます。そういうタイプは、できれば会社に入れたくない人です。

会社などでは、速く正確に仕事をしてくれる人が求められていますが、学校の勉強は、そのための訓練《くんれん》になるのです。そういう意味においても、学校の勉強は大事であるわけです。

## 勉強の時間効率《こうりつ》をどう上げるか

そして、勉強をするために持っている時間は、だいたい、みな同じなので、「一日二十四時間をどう使うか」ということが、とても大事になります。

このときに、いちばん重要なことは、やるべきことを持ち越《こ》したり、先延ばししたりしないことです。

つまり、「学校の授業時間を、いちばん大事にしてほしい」ということです。「授業時間内に、きちんと理解《りかい》してしまおう」という心掛《こころが》けを持ってほしいのです。

「授業で、理解しないまま終わる」とか、「授業時間中はぐっすり寝《ね》ていて、家で夜中に勉強する」とか、そういう態度《たいど》は、あまりよくありません。いちばん豊《ほう》富《ふ》にあるのは、日中の授業時間なので、できるだけ授業中に理解してしまうようにすれば、テストの勉強なども楽になりますし、クラブ活動等をする時間も生まれてきます。さらには、友達と仲良《なかよ》く話をするような時間まで生まれてきます。

したがって、まず、できるだけ、授業時間中に、吸収《きゅうしゅう》すべきものは吸収してしまうことです。それで、もし分からないことがあったら、正直に先生に訊《き》いてみるとよいと思います。

ただ、そのときの心構《こころがま》えは、「先生を、ただ困《こま》らせたり、先生の時間を奪《うば》った

郵便はがき

料金受取人払郵便

赤坂局承認

8335

差出有効期間
2024年9月
30日まで
(切手不要)

1 0 7 - 8 7 9 0

112

東京都港区赤坂2丁目10－8
幸福の科学出版（株）
読者アンケート係 行

ご購読ありがとうございました。
お手数ですが、今回ご購読いただいた書籍名をご記入ください。

| 書籍名 |
|---|

| | | |
|---|---|---|
| フリガナ<br>お名前 | 男・女 | 歳 |
| ご住所 〒 　　都道府県 | | |
| お電話（　　　）　　— | | |
| e-mail<br>アドレス | | |
| 新刊案内等をお送りしてもよろしいですか？ ［ はい（DM・メール）・ いいえ ］ | | |
| ご職業 ①会社員 ②経営者・役員 ③自営業 ④公務員 ⑤教員・研究者 ⑥主婦 ⑦学生 ⑧パート・アルバイト ⑨定年退職 ⑩他（　　） | | |

# プレゼント＆読者アンケート

皆様のご感想をお待ちしております。本ハガキ、もしくは、右記の二次元コードよりお答えいただいた方に、抽選で幸福の科学出版の書籍・雑誌をプレゼント致します。

（発表は発送をもってかえさせていただきます。）

**1** 本書をどのようにお知りになりましたか？

**2** 本書をお読みになったご感想を、ご自由にお書きください。

**3** 今後読みたいテーマなどがありましたら、お書きください。

ご感想を匿名にて広告等に掲載させていただくことがございます。

ご記入いただきました個人情報については、同意なく他の目的で使用することはございません。


**ご協力ありがとうございました！**

りしてはいけない」ということです。教科書の次のページを読めば書いてあるようなことを、わざわざ先生に訊いたりしたのでは、授業が進まなくなってしまいます。やはり、自分でできることは、自分でやっていくことが大事です。

「いちばんの無駄は、本当は、本業のなかにある」と言われますが、学校の生徒であれば、勉強そのもののなかに無駄があるということです。

要するに、授業時間のなかや、あるいは、宿題や試験勉強など、自分が、まさに今やっている勉強の仕方のなかに無駄がたくさんあるわけなので、効率《こうりつ》よく勉強していく努力をしなければなりません。

これは仕事においても同じで、本業のなかにこそ、けっこう無駄があるものです。「本業に、いかに真剣《しんけん》に取り組んで、短時間でマスターし、理解してしまうか」ということが、本業以外《いがい》のものにチャレンジしたり、人付き合いをよくしたりする余裕《よゆう》をつくるための秘訣《ひけつ》なのです。

勉強のほうに時間を取られすぎると、人付き合いが悪くなりますし、勉強以外のことにチャレンジすることができなくなってきます。ここが、効率を上げる必要のあるところなのです。

勉強の効率を上げるための考え方の一つは、「優先順位《ゆうせんじゅんい》」を付けることです。「優先順位を付けて、大事なものから攻めていく」ということです。

もう一つの考え方は、その逆《ぎゃく》で、「劣後《れつご》順位」を付けるというものです。これは、「順位が下のほうで、やらなくてもよいものについては、後回しにしていく」という考え方です。

そのように、「優先順位の高いものは何か」、あるいは、「後回しにしてよいものは何か」ということを、いつも考えながら勉強する癖《くせ》をつけたほうがよいと思います。

下手な勉強の仕方をする人は、「重要なもの、優先順位の高いものを後回しにし、今、勉強しなくてもよいものをやり始める」というようなことが多いのです。このへんに気をつけていただきたいと思います。

## 理解《りかい》していないものは暗記できない

世間では、「勉強は、暗記が大事だ」という言い方をする人がよくいます。受験専門家《せんもんか》のなかには、「とにかく暗記だ。数学も暗記だし、英語も暗記だ。古文や漢文も、すべて暗記だ」という言い方をする人がいます。

確《たし》かに、そういう面がないとは言えません。人間として、「新しいことを覚《おぼ》える」というのは、非常《ひじょう》に大事なことであるので、暗記にも無駄とは言えないところがあります。

しかし、人間は、基本的に、理解《りかい》していないものは暗記できないのです。理解していないものを無理に暗記した場合、試験のときに、記号式の問題に答えを出すぐらいのことはできますが、結局《けっきょく》は身につきません。

理解できていないことを暗記するのは、基本的には、難しいことです。確かに、「試験の当日だけ、かすかに覚えていればいい」という勉強の仕方もあるかもしれません。「勉強自体には値打《ねう》ちがない」と考えるならば、そういう考え方も成り立つでしょう。

しかし、勉強は、まったく無駄なものではなく、値打ちのあるものだとするならば、そういう考え方は間違いだと思います。やはり、「理解して、覚える」ということが大事ですし、「反復《はんぷく》して、身につける」ということが大事です。

## 持ち時間が限《かぎ》られている場合には「見切り」が必要《ひつよう》

ただ、内容《ないよう》のレベルが上がってくると、理解できないものも出てくるようになります。特《とく》に、高校生ぐらいになると、かなりレベルが上がってきます。

例えば、高校二年生のレベルになってくると、数学では、ついて行けない人が、当然、出てきますし、英語でも、少し難しく感じる人は出てきます。また、理科でも、物理や化学の分野では、難しく感じる人は出てくるでしょう。才能の差《さ》によって、向き不向き、適性《てきせい》のあるなしが出てくる面もあるので、それは、ある程度、しかたがないのです。

そこで、試験など、どうしても時間が限《かぎ》られている場合の勉強の仕方としては、やはり「見切り」が大事になります。「これにかけてよい時間は、これだけ」という見切りをつけなければいけないのです。

この「見切りをつける」ということも、仕事がよくできるようになるための方法の一つです。大人は、「この仕事にかけてよい時間は、このくらいまで」という見切りをしますが、これができない人は、あまり仕事ができないわけです。

同様に、学校の勉強も持ち時間が限られているので、「これは、このくらいの時間で片付ける」という見切りをし、「その時間内に、どうしても理解できなかったものについては、あきらめる」ということも大事です。

例えば、「数学の難問《なんもん》を、一週間かけて解《と》く」ということも、なかなか面白《おもしろ》いとは思います。将来、数学者になろうと思うのであれば、「一週間、考えに考えて答えを出す」ということも、なかなかよいと思います。

しかし、数学者になるようなタイプではなく、ほかの職業に就くような人の場合は、やはり、「持っている時間は、どのくらいあるか」ということを、ある程度、考えなければいけません。

したがって、一定時間考えて、どうしても分からない場合には、見切りをつけることです。例えば、「一度、解説《かいせつ》を読んでみる。そして、そこに印《しるし》を付けておき、もう少し勉強が進んだら、もう一回やり直してみる」などということを考えなければいけません。

実際《じっさい》に、難しくて分からないような問題はあります。入試問題などは、点数に差をつけるために、全部は解けないようにつくってあるので、どうしても難しくてできない問題はあるわけです。

こういうものについては、できないままの場合もありますし、その後、就いた職業によっては、できるようになる場合もあります。例えば、英語であれば、中学・高校のときにできない問題があっても、社会人になって英語を使う仕事をするようになれば、できるようになることは、当然あります。

したがって、将来、それを使うか使わないかによって違いはありますが、持ち時間という意味では、ある程度の見切りをしなければいけないところはあると思います。

それから、同種類《しゅるい》の参考書《さんこうしょ》や問題集がたくさんある場合には、やはり、「いちばん適切なものを繰《く》り返しやる」ということが大事です。三冊《さつ》の問題集を一回ずつやるよりも、三冊のなかでいちばん優《すぐ》れていると思うものを三回繰り返したほうが、実力はつくのです。結局は、そのほうが時間の節約《せつやく》になるわけです。

このように、勉強を通じて、将来の仕事のための訓練も、そうとう積んでいるのだと思います。

## 3　世界に通用する偉大《いだい》なリーダーを目指して

勉強以外《いがい》の活動も、将来《しょうらい》の仕事に役立つ

また、生徒会《せいとかい》やクラブ活動、文化祭など、勉強以外《いがい》の活動にけっこう時間を取られるので、「大変《たいへん》だな」という気持ちもあるでしょう。しかし、それが将来《しょうらい》、職業《しょくぎょう》で役に立つ場合が、そうとう出てくるのです。

例《たと》えば、私は、人前でずいぶん多くの説法《せっぽう》をしていて、自分でも、「よく話をしているな」と思います。

ただ、私は、特別《とくべつ》にスピーチの勉強などをした覚《おぼ》えはありません。そういうことを教わったことはないのですが、よく考えてみると、私が中学二年生のときに、学校の代表に選《えら》ばれて、幾《いく》つかの町がまとまった郡部《ぐんぶ》でのスピーチ大会に出場したことがあるのです。当時、私は生徒会長か何かをしていたので、「君が出なさい」と言われて、出されたような感じでした。

そのときに自分が何を話したかは、もう覚えていません。ただ、優勝《ゆうしょう》はできませんでしたが、二位《い》ぐらいになったということを、学校の先生からあとで聞きました。

そのスピーチ大会の会場は、ほかの中学校でしたし、聴《き》いていた人たちも、私の話の中身はほとんど覚えていないだろうと思います。ただ、高校生になって汽車で通学するようになったら、車内でときどき、「君のスピーチを聴いた覚えがある」と、声を掛《か》けられることがありました。

それで、その人は、「君は、演台《えんだい》の縁《ふち》に手をついた格好《かっこう》で話をしていた」と言うのです。話の内容《ないよう》は何も覚えていないのに、それだけを覚えていたわけです。

当時は、人前で話をすることが、私の一生の職業になるとは思いもよらなかったので、特に訓練《くんれん》もしませんでした。

ちなみに、その大会で一位を取ったのは、演壇《えんだん》に車椅子《くるまいす》で上がり、自分の体験《たいけん》を話して、満場《まんじょう》の涙《なみだ》をしぼった女生徒でした。会場の人たちをかなり泣《な》かせていたので、「私よりも、あちらが上かな」と思ったのを覚えています。

ただ、「内容的には、君のスピーチがいちばんよかった」と、先生がほめてくれました。

それから、学校の新聞部で、よく記事を書いていたことが、今、本を書いたりするのに役立っています。

## 「頭脳《ずのう》プレー」でテニスをしていた中学時代

また、中学時代の部活では、テニスをやっていました。私は、どちらかというと運動神経《しんけい》が鈍《にぶ》いほうであり、体力的には、東京の子の標準《ひょうじゅん》は超《こ》えていたのですが、田舎《いなか》の子の標準以上には、なかなか行きませんでした。

田舎には、農家の子などがたくさんいて、あまりにも体力が強すぎるので、とても敵《かな》わなかったのです。そこで、私は頭脳《ずのう》プレーでテニスをしていました。

以前、中国系《けい》の世界的なテニスプレーヤーでマイケル・チャンという人がいました。テニスの選手《せんしゅ》としては小柄《こがら》なタイプだったのですが、身長が百八十センチや百九十センチの外国人選手と試合《しあい》をして、けっこう上位まで勝ち上がっていました。

彼は、体が小さい分、相手よりも動くのが早くて、孫悟空《そんごくう》のように飛《と》んだり跳《は》ねたりし、まるでカンフーや空手を見ているようなテニスをしていました。彼の動きを見ていると、相手が球を打つ前に、球が飛んで来るところを予測《よそく》して体が動いているのです。普通《ふつう》の選手よりも一秒早く動けば、当然《とうぜん》、間に合って打ち返すことができます。

私も、運動神経は、田舎の子に比《くら》べたら大したことはなかったのですが、コントロールがとてもよかったのです。「狙《ねら》ったところに、必《かなら》ず球が入る」というのが自慢《じまん》でした。

例えば、サービスコートの隅《すみ》に小さな箱を置《お》いておき、その箱を狙ってサーブを十球打つと、そのうちの九球は箱に入りましたし、相手のコートのベースライン近くの隅を狙って球を打ち返すと、だいたい狙ったところに入りました。

それから、フェイント攻撃《こうげき》というか、「クロス（コートの対角線方向）に打ち返すふりをして、目をそちらに向けておきながら、実は逆《ぎゃく》の隅を狙う」という、いわゆる「すがめ（横目で見ること）攻撃」ができたのです。
才能的《さいのうてき》には、あまり大したことはなかったのですが、そういう頭脳プレーで、けっこうポイントを稼《かせ》いでいました。県大会で優勝したチームと戦《たたか》って、最後《さいご》は負けましたが、全ゲームが延長戦《えんちょうせん》まで行《い》ったので、私はキャプテンとしての面目《めんもく》を施《ほどこ》すことができました。
つまり、私のように、勉強のほうで職業を立てた人間であっても、スポーツのほうも、それなりの努力《どりょく》をすれば、できないことはないということです。

**自分の意見をはっきり言えることが「世界標準《ひょうじゅん》」**

それから、最初《さいしょ》に述《の》べたように、「人前で話ができる能力」というのは非常《ひじょう》に大事です。

幸福の科学学園の生徒は、全体的に、話すのがとても上手で、はっきりと自分の意見を述べることができるようです。おそらく、先生がたの指導《しどう》がよいのだろうと思います。

ただ、本当は、それが世界標準《ひょうじゅん》であり、外国では、自分の意見をはっきりと言えなければ駄目《だめ》なのです。

私は、「それぞれの人が自分の頭で考えて、話ができなければいけない」ということをよく言っているのですが、外国では、それが当たり前であって、自分の意見をどんどん言っていくことが大事なのです。

自分の意見がない人というのは、要《よう》するに、「頭が悪い人だ」と取られてしまいます。「なんだ、自分の意見がないのか。そんな人を相手にしてもしかたがないな」と思われてしまうわけです。

もし、自分の意見がない場合には、それをつくり出さなければいけません。自分の意見をしぼり出して、「私は、こういう考えを持っているのだ」ということを言わなければ、一人前の人間として認《みと》めてくれないのです。

幸福の科学学園では、中学生はオーストラリアへ、高校生はアメリカ東海岸へ語学研修に行くチャンスがあるので、自分の意見を堂々《どうどう》と言えるようになってほしいと思います。

「引《ひ》っ込《こ》み思案《じあん》で、何も話さずに黙《だま》っていれば、ほめられる」というような日本人的な体質《たいしつ》は、世界標準ではないのです。下手でもよいから、自分の意見を相手に分かってもらおうと努力することが大事です。

勉強もでき、意見の発表もでき、それから、企画《きかく》や提案《ていあん》など、創造的《そうぞうてき》な新しいこともどんどん言えるということは、将来的には、ものすごく大切なことなのです。みなさんには、ぜひ、そのようになってほしいと思います。

## 幸福の科学学園の教育が全世界のモデルとなる

私は、幸福の科学学園に、とても大きな可能性《かのうせい》を感じています。

例えば、学園の体育祭を見たとき、私には、「創造性が高い」ということが、すぐに分かりましたし、生徒たちの発表を聴いても、やはり、そう感じました。これは、おそらく校長の遺伝子《いでんし》が入っているからだと思います（説法当時）。

彼は、当会の職員のなかでも極《きわ》めて創造性の高い人であり、灘《なだ》高、東大を出たあと、H堂という大手広告《こうこく》会社の一つに入って、若《わか》いころ、コピーライターの新人《しんじん》賞《しょう》を取っているのです。

彼は、意外に、そうした方面の才能もある方であり、テレビコマーシャルのキャッチコピーなどを思いつくことが、非常にうまいのです。

当会のなかで珍《めずら》しいタイプの人を校長に持ってきたので、学園生もかなり創造性が高くなってきているのではないかと思います。

もう一つ、芸術性《げいじゅつせい》も高そうな感じがしました。しばらくしたら、テレビや映画館《えいがかん》などで、学園生の成長《せいちょう》した姿《すがた》を見ることができるのではないかと、私は期待しています。おそらく、そういう能力も出てくるような学校だと思います。

いずれにしても、学園生の未来《みらい》は、無限《むげん》の可能性に満《み》ちています。みなさんの成長を助けられるように、私も、できるだけ、いろいろな準備《じゅんび》をしていくつもりです。

この幸福の科学学園での教育のあり方がモデルとなって、やがては全世界に広がっていくだろうと思います。

幸福の科学学園の関西《かんさい》校も、もう少しでできる予定ですが、そこには、那須《なす》本校を開校してから三年間でできた文化が、当然、移植《いしょく》されていくはずです。

それから、幸福の科学大学もつくる予定ですが、立派《りっぱ》なものにしていくつもりです。

学園の高校生たちがアメリカへ語学研修《けんしゅう》に行くときには、アメリカのトップクラスの大学なども視察《しさつ》していますが、そこには、「それらの大学をも超えていけ」という、学園の校長の熱《あつ》い熱意《ねつい》が込められているのです。

どうか、国際《こくさい》社会で通用するような人間となり、さらには、アメリカのトップクラスの人たちをも乗り越《こ》えていけるような人間になってほしいと思います。

みなさんが大人になるころには、幸福の科学は、今よりもはるかに進んだところまで行っているはずです。その時代には、もっと偉大《いだい》なリーダーが必要とされるだろうと思います。

「みなさんの精進《しょうじん》が、全世界を明るくするための一歩になるのだ」ということを、どうか肝《きも》に銘《めい》じて、今後も努力・精進していっていただきたいのです。

私は、それを心より祈《いの》っています。

第3章

# 心と霊界《れいかい》の関係《かんけい》

二〇一〇年十月二十二日（金）

幸福の科学学園「探究創造科」での法話

## 1　「探究創造科《たんきゅうそうぞうか》」の講義《こうぎ》に当たって

みなさん、こんにちは。

今年、幸福の科学学園に来るのは六回目になります。今日は、私の今年二百回目の説法《せっぽう》で、これは、年間の説法回数としては自己新記録《じこしんきろく》です。そうした記念《きねん》すべき説法を幸福の科学学園でできることを、とてもうれしく思います。

これから、注1「探究創造科《たんきゅうそうぞうか》」の講義《こうぎ》として、「心と霊界《れいかい》の関係《かんけい》」というテーマで話をするわけですが、通常《つうじょう》、この科目では、高校生相手に、講師を招《まね》いて話をしているらしいのです。しかし、今回、私の場合には、「中高生全員に話してください」ということでしたので、講義をするほうとしては非常《ひじょう》に難《むずか》しいのですが、どうか、みなさん、頑張《がんば》ってついてきてください。

大人が、「中高生を対象《たいしょう》に、それぞれの年齢《ねんれい》に合わせた話をする」というのは、それほど簡単《かんたん》なことではありません。一学年、年が違《ちが》うだけでも、なかなか難しいことです。学校の先生というのは、みなさんの年齢に合わせて授業《じゅぎょう》をするので、それはそれなりに大変《たいへん》な技術《ぎじゅつ》が必要《ひつよう》なのです。

私も、「みなさんの知っていることに合わせて、分かる範囲《はんい》で話をしなければいけない」と思っています。

［注1］幸福の科学学園のオリジナル教科。中学校では、「偉人《いじん》の生き方」「日本の文化」「世界の課題《かだい》」を学ぶ。高校では、「宗教《しゅうきょう》や政治《せいじ》、経済《けいざい》、科学や芸術《げいじゅつ》など各《かく》分野の最前線《さいぜんせん》での価値《かち》創造」を専門家《せんもんか》から学んで、「将来《しょうらい》自分がどのテーマで人類《じんるい》に貢献《こうけん》するか」を探究し、「新時代を創造するリーダー」となることを目指す。

## 2　幸福の科学の「基本的《きほんてき》な考え方」

### 初《はじ》めて教えを聴《き》く人にも分かるような話を

さて、現在《げんざい》、私の著書《ちょしょ》は、六百冊《さつ》をかなり超《こ》えており（説法当時。前述のとおり、現在は三千百五十冊を超えている）、すぐには読み切れない量《りょう》になっています。そのため、だんだんと、「教えの内容《ないよう》を簡潔《かんけつ》に述《の》べてほしい」というニーズ（必要）が出てきています。

それは、私にとっても、今日のような幸福の科学学園での中高生向けの話や、海外での法話の際《さい》などに、「要《よう》するに、どういうことを言いたいのか。あまりたくさんの真理を知らない人にも分かるように、簡単に言ってください」というニーズが出始めていることを意味していると思うのです。

例《たと》えば、私は、今年、沖縄《おきなわ》で知事選《ちじせん》があるため、来週、沖縄の石垣島《いしがきじま》と沖縄本島へ連続講演《れんぞくこうえん》に行きますし（『平和への決断《けつだん》』〔幸福実現党刊〕第4章、第5章に収録《しゅうろく》）、そのすぐあとには、ブラジルのサンパウロに正心館が建《た》ったので、ブラジル巡錫《じゅんしゃく》を行います。

現在、ブラジルの信者《しんじゃ》は、もう二万四千人を超えていますので（説法当時）、巡錫は一カ所ではなく、サンパウロのブラジル正心館と支部《しぶ》で説法し、最後に、四千人くらいの規模《きぼ》の大きな外部会場で講演を行う予定です（計五回説法。『真実への目覚《めざ》め』〔幸福の科学出版刊〕に収録）。

そのように、沖縄で講演し、ブラジルに巡錫してくるつもりでいるのですが、どこであっても、「初《はじ》めて行く所で、幸福の科学の教えを初めて聴《き》く人が分かるように、コンパクトに真理を話す」ということは、それなりに難《むずか》しいものです。

総合本部《そうごう》では、職員《しょくいん》が聴衆《ちょうしゅう》であり、今までの法話の積《つ》み重ねがあるため、その延長上《えんちょうじょう》で語れるのですが、そうではない人に分かるように話すとなると、聴いてくださるみなさんが理解《りかい》できる範囲内《はんい》で法話ができるように、技術《ぎじゅつ》を磨《みが》かねばならないのです。そういう修行《しゅぎょう》を、私も頂《いただ》いているわけです。

## つらいことのなかから「大切な教え」を学び取る

私は過去《かこ》、一九八六年から現在まで、二十数年間、講演を重ねてきましたが、その間《あいだ》、あくびをされたのは、幸福の科学学園で行った法話の一回のみです。そのときは、中学生に何回かあくびをされてしまいました（笑）。

ただ、私は、それを見たときに、「まともにショックを受けてはいけない」とすぐに思うのです。

そして、「中学一年生にあくびをされるようでは、プロとして情《なさ》けない。これは、中学生が理解できる話をしなかった自分のほうに問題がある。そういう分かりやすい話ができるように、まだ技術を磨かなければならないのだ」というように、自分では考えるようにしています。

今、たまたま、私自身の例《れい》を出しましたが、これは、幸福の科学の基本的《きほんてき》な考え方なのです。

この世の中で生きていると、自分に都合のよいことやうれしいこともありますが、都合の悪いことや悲しいこと、苦しいことも数多くあります。ただ、それらを、すべて自分本位《じぶんほんい》、自分中心に判断《はんだん》してはいけないのです。

もちろん、うれしいこと、楽しいことがあれば、文字どおり、喜《よろこ》んで、感謝《かんしゃ》すればよいでしょう。しかし、たとえ、つらいことや悲しいこと、あるいは、自分にとって不利《ふり》なこと等があったとしても、「自分にとって、今、必要なものが与《あた》えられているのではないか」というように考え、そのなかから、何か大切な教えを学び取っていくことが大事です。

幸福の科学では、こうしたことを教えているのです。

こういう考え方をとることができれば、世の中に対する不平不満《ふへいふまん》や、自分の思いどおりにならないことに対する愚痴《ぐち》などが出るのを、何とか踏《ふ》みとどまって、もっとよい方向に物事を考えることができるようになります。

要するに、「自分自身を高めつつ、世の中をよくしていく方向に考えを変えていこう」としていくわけです。

# 3 「心のコントロール」の大切さ

## 「喜怒哀楽《きどあいらく》」の感情《かんじょう》を通して、心を見つめる

今、実は、みなさんの「心のあり方」について、話をしようとしているのです。「自分の心は、こんな感じになっている」ということを理解《りかい》するのはなかなか難《むずか》しいことではありますが、その感じ方の一つとして、いわゆる「喜怒哀楽《きどあいらく》」というものがあります。喜《よろこ》び、怒《いか》り、哀《かな》しみ、楽《たの》しみです。こういうもので、心はさまざまに動きます。

そうした、喜びや怒り、哀しみ、楽しみなどのいろいろな感情《かんじょう》というのは、実は、心のなかから外側《そとがわ》に出てきているものです。その、心のなかから出てきてい

る感情のところを見、それを通して、逆《ぎゃく》に、「自分の心は、今、どのような状態《じょうたい》にあるのか」ということを見つめることが大事なのです。

「地獄《じごく》の心」とよく言いますが、それは、どのような心でしょうか。

例えば、「すごく腹《はら》が立ってしかたがない」という怒りの心があります。悪や犯罪《はんざい》、あるいは、この世的な許《ゆる》しがたい行為《こうい》に対して腹が立つことは当然《とうぜん》ありますし、公的に、仕事として、そのように感じる場合もあります。

しかし、一般《いっぱん》に、「普段《ふだん》の生活をしていて、いつも心が波立ち、腹が立つ」というのであれば、やはり、「心が地獄的な状態にある」と言わざるをえません。

もちろん、みなさんは人間ですから、他の人に対する好《す》き嫌《きら》いは当然出てきます。ただ、単なる好き嫌いにとどまらず、人に対して、「憎《にく》い」とか、「嫌いだ」とかいうような感情が、あまりにも強く出るようであれば、やはり、「今、心は地獄的な状態にある」と言わざるをえないのです。

## 愚痴《ぐち》を押《お》しとどめ、相手の立場に立って考える

また、怒りや憎しみ以外《いがい》に、「愚痴《ぐち》」というものがあります。これは、ある意味で、人間の弱さなのです。それは、中高生のみなさんのみならず、大人にもありります。私にも、ないわけではありません。

例えば、自分の能力《のうりょく》に比《ひ》して、仕事が厳《きび》しすぎたりすれば、やはり愚痴が出てくるでしょう。また、肉体的なものが原因《げんいん》で愚痴が出ることも、もちろんあります。

しかし、「そうした愚痴を何とか押《お》しとどめ、自分自身で消化してしまって、腹のなかに収《おさ》めよう」という気持ちを持つ努力《どりょく》によって、もう一段、人物として大きくなれるのです。

人には、いろいろな種類があり、いろいろな考え方があります。したがって、

相手の考え方や行動について、あるいは、自分の思いが通らないことについて、腹が立つこともあるかもしれません。しかし、それに対して、単に嘆《なげ》いたり、不平不満を言ったりするのではなく、もう一段、相手への理解を深め、相手の立場に立って物事を考えてみることが大事だと思うのです。

これは、幸福の科学の教えのなかでも、いちばん大切なことの一つです。日々の生活のなかで生じる、いろいろな事件《じけん》や人間関係のなかで、「自分の心が、どのように動いていくか。反応《はんのう》していくか」という心のあり方を見つめること、そして、常《つね》に、心が正しい方向に向くように、コントロールすること、上手に操縦《そうじゅう》することが大事なのです。

## しっかり反省《はんせい》して教訓《きょうくん》を学び取る

例えば、ＪＲの那須塩原駅《なすしおばらえき》から幸福の科学学園まで車で来るときに、居眠《いねむ》り運転をしたら、あっという間に田んぼのなかに落ちてしまいます。ほんの一瞬《いっしゅん》でもうとうとしたら、すぐ田んぼに落ちて、「気がつけば、青空が見えている」というような状態になると思うのです。

心のほうも、それと一緒《いっしょ》で、少しでも油断をすれば、憎しみや怒り、愚痴などが出てしまいます。

中高生のみなさんであれば、返ってきた試験《しけん》の成績《せいせき》が、自分が思っていたよりずっと悪かったとしたら、やはり愚痴も出るでしょう。

「実は、夜遅《おそ》くまで、こっそり勉強していたのに、その成果《せいか》が出なかった」とか、「先輩《せんぱい》のアドバイスどおりやったのに、はずれてしまった」とか、「あのときに限《かぎ》って部活の試合があったので成績が悪かったのに、親はそれを分かってくれず、怒《おこ》られた」とか、そのような愚痴が出ることは、数多くあると思います。

しかし、すでに起きてしまったことについては、冷静《れいせい》に分析《ぶんせき》をして、対処《たいしょ》する以外にしかたがありません。

やはり、「悪い成績が返ってきた」という事実そのものを、きちんと見つめた上で、自分の勉強が足りていなかったところについては、もちろん、しっかりと勉強しなければいけません。

さらに、自分の試験準備《じゅんび》についても、手抜《てぬ》かりや反省《はんせい》すべきところがなかったかどうか、あるいは、単に不可抗力《ふかこうりょく》によってできなかっただけなのかどうかをよく考えてみるのです。

そして、もし、改善《かいぜん》すべきところがあれば改善する。また、不可抗力で、「これは、もうどうしようもない」と思われることについては、愚痴を言ってもしかたがないので、現実を受け入れ、今後、それを少しでもよい方向に持っていけるように、考え方を変《か》えていく。そうしたことが大事です。

すべて、物事は、そのように考える必要があります。悪いことが起きた場合には、それに対して、いたずらに反発したり、自己卑下《じこひげ》したりするのではなく、「今後の教訓《きょうくん》として生かせるものや、アイデアやヒントとして使えるものがないかどうかをよく考えて、さらによくなる方向へ自分を持っていこう」という努力に結《むす》びつけていくことが大事なのです。

## 4　自分の心を支配《しはい》し、「人を教えられる側《がわ》」に立とう

### 人生は甘《あま》くないので、早め早めの勉強を

さて、昨日《きのう》、私は、午前中に二冊の本を校正しました。

一冊は、中国の温家宝《おんかほう》首相の守護霊《しゅごれい》と、北朝鮮《きたちょうせん》の三代目、次のトップになる、金正恩《キムジョンウン》氏《し》の守護霊の霊言《れいげん》を収録した政治関係の霊言集（『温家宝守護霊が語る　大《だい》

中華帝国《ちゅうかていこく》の野望《やぼう》』（幸福実現党刊））です。

もう一冊は、幸福の科学学園の高校生のためにつくった『高校基本英会話《えいかいわ》入門』（宗教法人幸福の科学刊）というテキストの講義の前半部分をまとめた小テキスト（『「高校基本英会話入門」重点講義―英会話上達《じょうたつ》の秘訣《ひけつ》―』（宗教法人幸福の科学刊））です。

その小テキストの「まえがき」にも書いておいたのですが、私自身は、それほど英会話に自信があるわけではありません。しかし、私の英語説法《せっぽう》が、海外の国《こく》営《えい》放送で、毎週連続して流されたりしているのです。

みなさんも、その立場に身を置《お》いて考えてみれば分かると思いますが、私も、本当は穴《あな》があったら入りたいくらいなのです。「この英語を、海外の国営放送で流して大丈夫《だいじょうぶ》だろうか」と、こちらのほうが心配してしまうくらいなのですが、毎週、いろいろな所で堂々《どうどう》と流されています。

したがって、みなさんには、「勉強しておかないと、あとで本当に後悔《こうかい》しますよ」と、早めに言っておきたいと思います。人生は、何が起きるか分からないので、なめてはいけないのです。

私は、数年前、ハワイで初《はじ》めて正式に英語説法をしました（ハワイ支部にて二〇〇七年十一月十八日説法。『Be Positive』〔宗教法人幸福の科学刊〕参照）。それ以前は、「英語は、もう何十年も勉強しましたが、とうとう英語で説法できるところまで行きませんでした」というように言っていたのです。ところが、その後、ハワイで英語説法をする目に遭《あ》ってしまいました。やはり、人生を甘《あま》く見てはいけないのです。

私の場合、講演《こうえん》であろうとなんであろうと、話したことは、すべてビデオなどに収録され、公開されたり、法話ＣＤ等で頒布《はんぷ》（広く行きわたること）されたりします。また、すべて活字に起こされ、確実《かくじつ》に、テキストや本になるのです。無《む》駄《だ》なものはありません。

クジラと一緒《いっしょ》で、肉も皮も骨《ほね》も全部食べられ、油まで取られるような仕事スタイルになっているのです。

そのため、英語で話をしたら、それは、必《かなら》ず、ビデオ上映《じょうえい》されたり、DVDになって頒布されたり、本になったりするであろうと想像《そうぞう》されるので、そのプレッシャーを考えると、「とても英語説法などできはしない」と思っていたのですが、結局、やるはめになりました。

そういうことであれば、やはり、早め早めに勉強しておくのがいちばんです。

言い訳《わけ》は、いつまでも通じないのです。

## 上に立つ人ほど勇気《ゆうき》を持って行動しよう

ただ、私が勇気《ゆうき》を奮《ふる》って海外で説法し始めたら、その結果《けっか》、職員《しょくいん》たちも海外伝《でん》道《どう》に出始めるようになりました。

その当時は、国際局（現・国際本部）の職員でも「まだ資格《しかく》がない」と思っていて、英語のセミナーをやっていた人は二人くらいしかおらず、あとの人は、翻《ほん》訳《やく》だけをやっているような状態だったのです。

しかし、みな、「先生がやり始めたので、もうやってもいいのだ」と思って伝道に出始め、その結果、三年余《あま》りの間に、海外信者が十万人以上増《ふ》えました。この勢《いきお》いからすると、おそらく、あと数年くらいで、海外の信者数は百万人を突《とっ》破《ぱ》すると推定《すいてい》されます。今、そのくらいの勢いで伸《の》びてきているのです。

何のことはありません。結局、私自身が、「恥《はじ》を承知《しょうち》で英語説法をした」ということが皮切りで、そうなったのです。

みな、「あれくらい簡単な英語で説法しても構《かま》わないのか」と思ったようです。

つまり、「もっと難《むずか》しくやらなければいけない。日本語の経典《きょうてん》を英語に翻訳したときのように、確実で正確な英語を話さなければいけない。単語も熟語《じゅくご》も文法もすべて確実に覚《おぼ》え、文章も丸暗記したら、初めてできる」と思っていたため、まったくできずにいたわけです。

しかし、私が、「もう何でもいいから、とにかく攻《せ》めていく。知っている単語や熟語、文章で攻める」ということをやってみせたら、「それならば、やれないことはない」ということになり、あちこちで伝道し始めて、今、信者数が急激《きゅうげき》に増えてきています。

インドの信者数も、すでに八万人を超《こ》えました。おそらく、もうしばらくしたら、インドだけで百万人くらい行くと思いますが、本当に広がってきています。

そのように、最初の一鍬《ひとくわ》となる努力《どりょく》や勇気があればよいのです。愚痴《ぐち》を言い、仕事を前進させない癖《くせ》などをつけてはいけません。みなさんも、例《たと》えば、勉強ができない理由などをいくら挙《あ》げたとしても、一歩も進まないのです。

特《とく》に、「上に立つ人が、できないことの理由を数多く挙げ始めたら、物事はまったく進まなくなる」ということを知っておいてほしいのです。人というのは、上に立てば立つほど、勇気を持ち、率先《そっせん》してやらなければいけません。人のせいにしたり、できない理由を数多く説明したり、「自分は、今、コンディションが悪い」などということを言い訳に使ったりするようであっては、やはり、全体が発展《はってん》することはないのです。それを知っておいてほしいと思います。

すべては、「自分の心を、どのように支配《しはい》できたか」「自分の心の支配者になりえたか」というところにかかっているのです。自分の心を十分に支配することができるようになったら、要するに、「人に教わる側《がわ》」から、「人を教えられる側」に変わってくるわけです。そこが大事なところです。

## 5 「未知《みち》なること」に関心《かんしん》を持とう

### あの世や魂《たましい》は、間違《まちが》いなく存在《そんざい》する

ここまで、心の話を中心にしてきましたが、さらに、今日、述《の》べておきたいことがあります。

幸福の科学は、宗教の話として、「あの世には、天国と地獄《じごく》がある」ということを説《と》いています。そして、霊言集《れいげんしゅう》等を通して、あの世の天国に還《かえ》っている人の霊言を紹介《しょうかい》していますし、今年の霊言集のなかでは、地獄に堕《お》ちている人の霊言も、多少、紹介しています。

かつては、地獄霊の霊言は出さないことにしていました。読むと少し気持ちが

悪いので、あまり出したくはなかったのです。しかし、地獄霊でも、大物がいるため、「彼らが、死後、どのようになっているかをお見せする」という意味で、マルクスなどの霊言も出しました。

マルクスは、いわゆる左翼《さよく》思想の持ち主で、自由主義や資本主義等に反対したような人ですが、いまだに地獄にいて、自分が死んだことさえ分かっていないのです。彼は、生きていたときに、霊魂《れいこん》を否定《ひてい》し、「あの世などない」「宗教はアヘンだ」と言っていた人です。この人の「あの世はない」とか、「魂《たましい》はない」とかいう唯物論《ゆいぶつろん》思想が、かつてのソ連や中国を中心にかなり広がり、中国では、今もまだ残《のこ》っています。

しかし、この思想は事実ではありません。私は、この三十年間の真理探究を通して、「あの世や魂があるのは間違《まちが》いない」と確信しているのです。

実際に、「あの世がある」という証拠《しょうこ》はいくらでも挙《あ》げることはできますが、

「あの世がない」という証明は絶対《ぜったい》にできません。「あの世がない」「霊が存在《そんざい》しない」という証明に成功《せいこう》した人など、いまだかつて一人もいないのです。

しかし、「あの世がある」、あるいは、「霊という存在がある」ということの証拠を出した人は、歴史上《れきしじょう》、数多くいます。宗教家のほとんどはそうですし、現在でも、そうした証拠を出せる人はたくさんいるのです。

## 未知《みち》なる領域《りょういき》にトライする気持ちを

ただ、「あの世がある」「霊が存在する」という証拠を出すことには、「科学の実験のように、必ずしも同じ結果にはならない」というところがあって、そこだけが、証明の苦しさではあります。

例えば、「水素《すいそ》と酸素《さんそ》を合わせて火をつけると、バーッと燃《も》えて水ができる」という実験がありますが、そうした科学の実験のように、必ずしも、同じ結果にはならないため、その点を突《つ》いて、「真実ではない」「真理ではない」と言い張《は》る人はいます。

しかし、科学の実験であっても、「『酸素と水素が結合して、$H_2O$（水）ができる』など、信じられない」と言うことは可能でしょう。要するに、今、考えても、「酸素は気体である。水素も気体である。『気体と気体を結合させたら、液体《えきたい》ができる』など、そんなことは迷信《めいしん》だ。ばかばかしい。信じられるか」と言うことはできます。

けれども、実際に実験してみると、そうなってしまいます。

あるいは、別《べつ》の化学反応では、透明《とうめい》な液体が、突如《とつじょ》、ピンク色に変わったり、青色に変わったりすることがあります。そのように、一定の条件下《じょうけんか》においては、現実に、信じられないことが起きるわけです。

したがって、これは探究創造科《たんきゅうそうぞうか》の本質《ほんしつ》でもあるでしょうが、「いまだ解明されていないから認《みと》めない」「今まで認められていないから信じない」「常識《じょうしき》とは違うからありえない」というような考え方をするのをやめて、やはり、「未知《みち》なる領《りょう》域《いき》にトライしていこう」という気持ちを持つことが大事だと思います。

「新しいもの、珍《めずら》しいもの、人々がまだ十分に認めていないものにこそ関心《かんしん》を示《しめ》してほしい。そこが、これから未来《みらい》が開けていく場所なので、そういう領域にこそトライしてほしい」と思うのです。

## 「不可能《ふかのう》だ」と思うことのなかに道を拓《ひら》く

先般《せんぱん》、「ある特殊《とくしゅ》な水を使って、海水魚の養殖《ようしょく》を陸上《りくじょう》で行う」という研究の模《も》様《よう》をテレビで放映《ほうえい》していましたが、そうした水（好適環境水《こうてきかんきょうすい》）を発明した大学の先生は、幸福の科学の信者です。

その水の配合成分については、内緒《ないしょ》であって、発表できないらしいのですが、その人が発見した成分で、ある種《しゅ》の薬をつくり、それを真水に溶《と》かすと、海水のなかでしか生きられない魚が、自由自在に泳げ、生きられるようになるのです。

この発明によって、とうとう、山奥《やまおく》でマグロなどのいろいろな魚が養殖できるようになったわけです。これは、本当に信じられないことです。「海の一部を囲《かこ》って、そのなかで魚を養殖する」ということは、今までもできましたが、なんと、山村で海水魚の養殖ができるようになったのです。

要するに、「その水でプールをつくって養殖すれば、農村で海の魚が獲《と》れる」という時代に入ってこようとしているわけです。これは、みなさんの先輩《せんぱい》がやっていることです。

そのように、「探究創造」というのは、今まで、「不可能《ふかのう》だ」「ありえない」と思っていることのなかに、道を拓《ひら》いていくことなのです。

「『海でなければ海水魚を養殖できない』と思っているけれども、それは本当だろうか。もしかしたら間違っているのではないだろうか。本当は、陸でもできるかもしれないし、山でもできるかもしれない」

そう考えると、面白《おもしろ》いでしょう。みなさんには、そのように、さまざまな可能《かのう》性《せい》を探《さぐ》るようなこともやってほしいと思います。

## 「人が考えないこと」に興味《きょうみ》を持とう

あるいは、未来科学を研究していくと、どうしても、ＵＦＯや宇宙人《うちゅうじん》の問題に打ち当たります。

当会の霊言集には、ＵＦＯや宇宙人の話が数多く出ていますが、もし、ＵＦＯや宇宙人が実際に地球に来ているとしたら、ある意味で、彼らは未来科学を持っているわけです。

もちろん、理学部的、工学部的に、科学技術を研究する方法もありますが、宇宙人の技術があるのなら、それを宇宙人リーディング[注2]で、宇宙人から引き出してしまえば、未来の科学のあり方が分かってしまうのではないでしょうか。

その結果、「未来産業《みらいさんぎょう》を何かつくり出せないか」ということも考えられないわけではありません。

以前、この「探究創造科」でも話をされたことがあると思いますが、当会には、植物工場で野菜《やさい》をつくっている信者もいます。彼は、私が二十年ほど前に『新ビジネス革命《かくめい》』（〔土屋書店刊〕現在は絶版《ぜっぱん》）という本のなかで書いた、「畑ではなく、工場のなかで野菜をつくる時代になる」という未来社会の予言を高校時代に読んで、「決めた。これをかなえよう！」と思ったそうなのです。

そして、今、彼は、その志《こころざし》を実現し、有名になっています。彼の技術は南極《なんきょく》にも導入《どうにゅう》され、昭和基地の室内でつくられた野菜が食べられるようになっているのです。

そのように、未来を研究して、それを実際に拓こうと努力すると、面白いことができるようになります。みなさんも、そうした、「人が考えないこと」に興味《きょうみ》を持って、面白いことをやってほしいと思います。

例えば、今日、私は、富士山《ふじさん》と波をデザインした時計をしてきています。この時計の柄《がら》は、先月の第一回「大鷲祭《おおわしさい》」（文化祭）で描《か》かれていた、葛飾北斎《かつしかほくさい》の絵と同じものです。

大鷲祭では、数メートル四方の大きなガムテープアートとして、この絵が立派に描かれていましたが、私はそれを見て、「なかなか粋《いき》なことをやるな」と思ったのです。そこで、「こちらも、粋にお返ししなければいけない。今度、幸福の科学学園に行くときには、この葛飾北斎の絵が描いてある時計をしていって、『ここにも同じ絵があるぞ』というのをお見せしよう」と思い、わざわざ購入《こうにゅう》したわけです。こうした遊び心がないと、人生は面白くありません。

そのように、やはり、「新しいこと」や「未知なること」に関心を持つことが非常に大事だと思うのです。

［注2］「宇宙人リーディング」とは、地球に転生《てんしょう》してきた宇宙人の魂《たましい》の記憶《きおく》を読み取ること。あるいは、宇宙人当時の記憶を引き出してきて、その意識で語らせることもできる。その際、宇宙人の霊《れい》は、霊言《れいげん》現象を行う者の言語中枢《げんごちゅうすう》から必要な言葉を選《えら》び出し、日本語で語ることも可能である。

## 6 「心の王者《おうじゃ》」となれ

### 自分の心は百パーセント支配《しはい》できる

ここで、もう一つ、幸福の科学の基本的な考え方を述べておきたいと思います。人の心というものは、なかなか自由にはなりません。人に影響《えいきょう》を与えることはできますし、人を説得《せっとく》することもできます。しかし、人の心を自由に支配《しはい》することはできません。どのような王様でも、奴隷《どれい》の心を自由にはできないのです。命令《めいれい》をきかせることはできても、心までは自由にできません。心というものは王国なのです。

一方、自分の心は、自分自身で自由に支配することができます。つまり、「どのように物事を捉《とら》えるか」「どのように考え方をつくるか」ということは自由であり、各人に完全《かんぜん》に任《まか》されている領域なのです。自分自身の心は、百パーセント、思うように動かせるわけです。

「人をどうにかしよう」とか、「世界をどうにかしよう」とか思っても、時間がかかるし、説得するのも大変です。したがって、何か問題があったときには、「自分自身の問題として何かできることはないか」「自分の心の持ちようを変えることができないか」ということを、まず考える癖《くせ》をつけてほしいと思います。みなさんには、「心の王者」「心の支配者」になっていただきたいのです。

これは、言葉を換《か》えて言えば、仏教《ぶっきょう》などで長らく言われている「悟《さと》り」と同じことです。自分の心を自らの支配下に置《お》き、自由に統御《とうぎょ》できるようになったならば、それは、ある意味で、悟りを開いたのと同じことなのです。

そうしたプロの宗教家のようなことを、今、中高生のみなさんに求《もと》めても難しいだろうとは思います。しかし、その第一段階《だんかい》として、「中学生としての悟り」「高校生としての悟り」はありうるのです。それは、「中学一年生として、自分の心をどのようにコントロールできるか」「高校一年生として、自分の心をどのようにコントロールできるか」ということです。

例《たと》えば、幸福の科学学園にも、いろいろな人がいますから、相性《あいしょう》のよい人も、悪い人もいるでしょう。喧嘩《けんか》が起きることも、たまにはあるかもしれません。あるいは、物がなくなったりするようなこともあるかもしれません。

確《たし》かに、物がなくなったりすると、「誰《だれ》か盗《と》った人がいる」と思って、人を責《せ》めたくもなります。しかし、「自分にも管理《かんり》不十分なところがあった。その部分については、自分自身の不注意だった」と思えば、やはり、怒《いか》りを少し収《おさ》めなければならないわけです。

## 「天国へ行く人」と「地獄《じごく》へ行く人」の違《ちが》いとは

わが家の話で恐縮《きょうしゅく》ですが、以前、夏休みに、家族で山のほうへ静養《せいよう》に行ったとき、うちのいちばん下の娘《むすめ》が、「自分の愛《あい》していた人形がない」と騒《さわ》ぎ始めたことがありました。

そのとき、彼女は、「これは、きっと、お兄ちゃんが意地悪《いじわる》をして隠《かく》したに違《ちが》いない」と言い始めたため、みな、「そうか。どこに隠したのだろう」と思って、一生懸命《いっしょうけんめい》、探《さが》したのですが、どうしても見つかりませんでした。

ところが、その人形は、他の人が洗濯機《せんたくき》にかけていて、乾燥機《かんそうき》のなかで回っていたのです。上の息子《むすこ》は、ずいぶん被害《ひがい》を受けて、丸一日、犯人扱《はんにんあつか》いされていたのですが、人形は乾燥機のなかでグルグルと回転していたわけです。

そのようなことは、世の中にはよくあります。

　したがって、世の中で起きるいろいろな事件についても、すべてを善悪で考えたり、徹底的《てっていてき》に追及《ついきゅう》したりすればよいわけではなく、自分の心をあまり動揺《どうよう》させないように努力することも大事なのです。

　また、許《ゆる》す心も大事です。人というのは、どうしても過《あやま》ちを犯《おか》すものであり、神様ではありません。まったく過ちを犯さない人間などいないのです。それは自分も同じです。したがって、人に対しても、やはり、「過ちを犯さない人間などいない」という気持ちを持たなければいけないのです。

　「天国・地獄《じごく》」といいますが、結局、地獄へ行っている人々を見てみると、人を非常に責めたりするのですが、反省する心があまりありません。反省せずに、「自分は被害を受けた」とか、「いじめられた」とか、そのようなことばかりを言う人が多いのです。

　しかし、天国へ行っている人々は、そうではありません。感謝の心があったり、

「自分にも落ち度があった」ということを認《みと》めたりするような人が多いのです。

天国と地獄には、そうした心の違いがあるわけです。その「天国と地獄の違い」は、実際は、この世でもすでにあります。この世の人間の生き方のなかに、そうした「心の持ちよう」というものが表れているのです。

結局、その「心の持ちよう」には、車の運転技術《ぎじゅつ》と同じように、うまい、下手《へた》があり、運転技術が上がってくると、他の人に害を与えずに、自分自身をより幸福にするような生き方、あるいは、自分も他人も幸福への道へ誘《いざな》うような生き方ができるようになってくるわけです。

## 7　世界のために自分がある

最後に、もう一つ、付《つ》け加《くわ》えておきたいことがあります。

今、当会では、霊現象《れいげんしょう》がかなり起きています。例《たと》えば、霊言《れいげん》については、私だけではなく、職員《しょくいん》も行うようになっていますが、そうした霊言ができるようになるためには、心が非常《ひじょう》に透明《とうめい》な感じになることが大事です。水族館の水槽《すいそう》と同じように、心が透《す》き通ってこなければ駄目《だめ》なのです。

この世に生きていると、心にはいろいろな穢《けが》れや汚《よご》れがついてきて、天上界《てんじょうかい》と同通《どうつう》しなくなってきます。そうした心の汚れがついてくると、自分の守護霊《しゅごれい》の声が聞こえなくなるし、届《とど》かなくなってくるのです。そして、逆《ぎゃく》に、悪い霊たちの影響《えいきょう》を受けたりするようなこともあります。

そのため、心を純粋《じゅんすい》にしていく努力《どりょく》をしなければいけません。ところが、この世においては、勉強などをしすぎて、そうした純粋な心がなくなっていく人もいます。純粋な心を忘《わす》れてしまい、この世で自分がほめられることだけを求めるような人も出てくるのです。

したがって、勉強しても、その成果を、自分が偉《えら》くなったり、出世したり、尊《そん》敬《けい》されたりするためだけに使うのではなく、「他の人たちや世の中のためにお返ししていく」という気持ちで生きていってください。それが、やはり大事であると述べておきたいと思います。

中高生のみなさんは、今後、勉強に拍車《はくしゃ》がかかってくるとは思いますが、どうか、広い心を持ってほしいのです。

そして、これは幸福の科学学園のモットーでもありますが、やはり、「自分には、『高貴《こうき》なる義務《ぎむ》』があるのだ。周《まわ》りから認《みと》められれば認められるほど、大きな責任《せきにん》を持って、世の中の人たちのために尽《つ》くさなければいけないのだ」という気持ちを持ってほしいのです。

つまり、「世界が自分のためにあるのだ」と考えるのではなく、「世界のために自分があるのだ」という気持ちを持ち続《つづ》けることが大事なのではないかと思います。

私は、幸福の科学学園のみなさんのなかから、立派《りっぱ》な方々が、数多く出ることを願《ねが》っています。どうか、自分自身が偉くなることを確認《かくにん》するのみならず、「どれだけ多くの人のための人生を生きられたか」ということを喜《よろこ》びとするような、みなさんになってほしいと思います。

今日は、「心と霊界《れいかい》の関係《かんけい》」というテーマで、探究創造科《たんきゅうそうぞうか》の基調《きちょう》講演となる話をしました。

どうか、世の中で、まだ常識《じょうしき》として認められていないことに対しても、心を開き、「未知《みち》なるものに関心を持ち続ける」ということを大事にしてください。そのためには、勇気《ゆうき》が要《い》ります。「勇気と好奇心《こうきしん》、探究心、また、そうした心を持ち続ける努力が必要《ひつよう》なのだ」ということを忘れないでほしいと思います。

怒《いか》りや、憎《にく》しみ、嫉妬《しっと》などで自分の心を満《み》たすのではなく、世の中が少しでもよくなる方向に心を向けていくよう、努力していただければ幸いです。

第4章

# 真のエリートを目指して

二〇一一年四月七日（木）
幸福の科学学園第二回入学式記念法話

# 1　中高生として、今、やるべきことをやる

幸福の科学学園第二期生のみなさん、入学おめでとうございます。在校生《ざいこうせい》のみなさんも進級おめでとうございます。

新入生のみなさんは、入学に際《さい》し、いろいろなことで大変《たいへん》であっただろうと思います。

また、一カ月前の東日本大震災《だいしんさい》で思わぬ被害《ひがい》を受け、悩《なや》んでいる方も多いかと思います。地震の影響《えいきょう》で日本列島が少しずれたのと同じように、日本人全体の心のあり方や感じ方、あるいは〝神経《しんけい》〟がずれたような印象《いんしょう》を私は受けています。

しかし、「それはそれ、これはこれ」です。みなさんは、新しく、幸福の科学

学園に入りました。さすれば、みなさんが、今、そして、これから、やらねばならないことは明らかです。それは、「自分たちに与《あた》えられた機会《きかい》を生かして、最《さい》大限《だいげん》の努力《どりょく》をし、見事、その成果《せいか》を収《おさ》める」ということです。

今は日本列島中、震災テーマに取り紛《まぎ》れていて、いろいろな物事が進まない状《じょう》態《たい》になっていますが、いずれ時間が解決《かいけつ》していきます。

みなさんの仕事は大人になってから始まります。今はまだ、世の中に対して何かをしたくても十分にはできません。したがって、今は、「将来《しょうらい》の日本や世界のために、自分を磨《みが》き、鍛《きた》え上げる」ということが非常《ひじょう》に大切なのです。

震災後、在校生のみなさんは、少ないお小遣《こづか》いを出し合い、三十数万円の義援《ぎえん》金《きん》を集めたと聞いています。本当に健気《けなげ》であると感じました。支援《しえん》を受ける方々も、まさか中学生や高校生までがお小遣いを出してくれているとは思わないでしょう。そういう気持ちが大事であることも事実です。

ただ、もっと深く言えば、「宗教的真理《しゅうきょうてき》そのものが広がる」ということ自体が、日本や世界の人々を助けていく大きな力になるし、光になるのです。この根本のところは忘《わす》れないでいただきたいと思います。

「みなさんが目指している方向で大きく成長していくことこそ、実は、日本の救《すく》いになり、世界の救いになるのだ」ということを忘れては相成《あいな》りません。

また、新中学二年・新高校二年のみなさんは、一年間の修行《しゅぎょう》を経て、かなり成長されたように感じます。特《とく》に、「自立心が非常に強くなり、しっかりしてきた」という印象を受けています。とても喜《よろこ》ばしいことです。

幸福の科学学園は、当初《とうしょ》の目標《もくひょう》どおり、「塾《じゅく》の要《い》らない学校」を目指し、「たとえ、場所が都会でなくとも、学力は伸《の》びるのだ」という信念《しんねん》の下《もと》、教育に取り組んできましたが、その方向で、みなさんの学力が伸び、成果が出ていることを、とてもうれしく思っています。

## 2　アメリカ語学研修《けんしゅう》の狙《ねら》いとは

### 現地《げんち》で英語《えいご》に苦戦《くせん》していた幸福の科学学園生

新高校二年のみなさんは、先日（二〇一一年三月二十一日〜三十日）、アメリカへ語学研修《けんしゅう》に行ってこられましたが、私は、全員の感想文を、二回、三回と繰《く》り返し読みました。それから、ホームステイ先での様子やニューヨークを見学しているところなどを撮影《さつえい》し、十五分ほどに編集《へんしゅう》されたビデオも見ました。

そのビデオを見た人のなかには、いろいろな感想があり、「楽しそうだ」と言う人もいましたが、私としては、感想文を読んでも、ビデオに映《うつ》っているみなさんの姿《すがた》を見ても、「かなり苦戦《くせん》しているな」と感じました。それが私の率直《そっちょく》な感想です。

感想文のなかには、一部、「帰るころには、英語《えいご》がかなりうまくなった」と、強気なことを書いている人もいましたが、大部分の感想文は、行間から、「悔《くや》しい」という気持ちがにじみ出ているように感じました。そうであろうと思います。そして、それがまた狙《ねら》いでもあったのです。

幸福の科学学園の新高校二年生のなかには、高校一年のとき、すでに英検《えいけん》二級に合格《ごうかく》した人も、そうといます。英検二級のレベルは、高校卒業《そつぎょう》に当たるぐらいの学力です。

日本全体から見れば、「高校一年で英検二級を取っている」ということは、「英語がそうとうできる」ということに当たるわけですが、実際に、アメリカへ行き、ホームステイをした途端《とたん》、「話ができない」ことがよく分かったと思います。

例《たと》えば、「話が全然《ぜんぜん》つながらない」「食事や団欒《だんらん》の時間を長く感じる」「英語の研修を受けても、その時間がつらい」というような経験《けいけん》をしたのではないでしょうか。「返す言葉がないので、親切に話しかけてくれればくれるほど、つらい。言葉が出てこないのは、こんなにつらいことなのか」「相手が早口で言っていることを聞き取れないのは、こんなにつらいことなのか」ということを感じたと思います。

アメリカへ出発する直前（三月十八日）、東京正心館で、研修に行く人たちを相手に英語の集中講義《こうぎ》をしましたが、そのなかで私が、相手に聞き直すときに使う言葉として、"Pardon《パードン》 me《ミー》?"をはじめ、幾通《いくとお》りも教えた理由が分かったのではないでしょうか。同じ言い方ばかりしていると、ばかの一つ覚《おぼ》えのように思われるので、相手の言っていることが聞き取れないにしても、せめて、いろいろな言い方で、「もう一度、お願《ねが》いします」と言えるようにしてほしかったのです。

ただ、そうは言っても、ビデオに映ったみなさんの表情《ひょうじょう》からは、「厳《きび》しい」「苦戦している」という印象《いんしょう》を受けました。

それから、ハーバード大学を見学している様子もビデオで見ましたが、かなり高い壁《かべ》を感じているように、私には見えました。

## 「努力《どりょく》には無限《むげん》の余地《よち》がある」ことを知ろう

ただ、考えてほしいのです。ハーバード大学には確《たし》かに秀才《しゅうさい》が集《つど》っています。しかし、私たちから見れば、英語は外国語ですが、アメリカ人にとって英語は「国語」です。国語で全部の授業《じゅぎょう》をやっているのです。その授業を、みなさんは、外国語で聴《き》こうとしたから、難《むずか》しく感じたのです。

つまり、「母国語ではない言語で勉強する者にとっては、それだけのハンディがあって難しいのだ」ということです。そのことを知らなければいけません。

ハーバードの大学生が英語を使って勉強している姿を見て、難しそうに感じたでしょうが、その見方を若干《じゃっかん》修正し、自分のことをあまり低《ひく》く見すぎないようにしてください。

いずれにしても、私がみなさんに経験してほしかったことは、「学校の勉強がよくできたり、模試《もし》でよくできたり、英検の資格《しかく》を取ったりして、『英語がずいぶんできるようになったな』と思ったとしても、現実にアメリカへ行ってみると、まったく歯が立たない」ということです。

さらに、「努力《どりょく》には無限《むげん》の余地《よち》がある」ということに気づいてほしかったのです。そうして、悔しい思いを胸《むね》に秘《ひ》めるとともに、将来、自分のやるべきことが見えてきたら、この研修は成功《せいこう》であると考えています。

語学は、何年勉強しても、そう簡単《かんたん》に終わるものではありません。今回の研修を通して、「まだまだ、はるかに先がある」ということだけは、はっきりと分かったのではないでしょうか。

英語のかなりできる生徒《せいと》であっても、「今のレベルでは、英語での伝道《でんどう》など、まったくできないことが分かった」という感想を書いていましたが、そのとおりでしょう。難しい内容《ないよう》を英語で話すことは、そう簡単にできないのです。

それは、実は、英語だけの問題ではありません。日本語でいろいろな勉強をして、話ができる内容をつくらなければ、そもそも英語で話すことはできないのです。実は両方の勉強が要《い》るのです。そして、そのために、中学校や高校、大学というものがあるわけです。

# 3　自立した人間になろう

## 「自分のことは自分ででき、人のために尽《つ》くせる人間」を目指す

さて、新入生のみなさんは、「幸福の科学学園での学校生活は、どのようになるか」ということで、緊張《きんちょう》しているかもしれません。「親元から離《はな》れて寂《さび》しい」という気持ちや、「思いのほか、生活に慣《な》れるのが大変そうだ。自分独《ひと》りで本当に生活できるのだろうか」という心配などが、たくさんあることでしょう。

しかし、それらを乗り越《こ》えて、毎日毎日、工夫《くふう》し、一歩でも二歩でも前進するように努力しなければいけません。言い訳《わけ》をまず考えるようでは駄目《だめ》です。「何とか工夫して、それを乗り越えていこう」という努力をしていただきたいのです。

寮《りょう》に入ったならば、それまで母親がしてくれていたようなことも、今度は、自分でしなければいけません。また、どう考えればよいかが分からないことも数多く出てくるでしょう。

ただ、そのために先輩《せんぱい》がいるわけですし、寮には、お世話をしてくれる大人の人たち（寮監長《りょうかんちょう》や寮母、宗教生活指導講師《しゅうきょうせいかつしどうこうし》）もいるのですから、やはり、自立していかなければなりません。

今回、研修でアメリカに行った人たちは、「将来、大人になって自立するとどうなるか」ということを少し経験したと思いますが、幸福の科学学園は、「自分のことは自分ででき、さらに、人のために尽《つ》くせる人間をつくりたい」という気持ちを強く持っているのです。

「親元から離れ、集団生活をする」ということは、ある意味で、よいことだと私は考えています。東京あたりのエリート進学校に通っている人たちを見ているて、親および塾《じゅく》や家庭教師が一体となって世話をする状態が大学進学まで続《つづ》いています。

なかには、学校の授業中に、教室から母親にメールを打っている生徒もいます。「こういうことで困《こま》っているんだけど、どうしたらいい？」などということを訊《き》き、母親が自宅《じたく》から答えを送っているようなこともあるのです。こうしたことが名門校でもあるようですが、乳離《ちばな》れが少し遅《おそ》すぎるように感じます。

寮生活のなかで、みなさんも無力感に襲《おそ》われることがあるでしょうが、自分の力で何とか解決していかなければいけません。あるいは、ほかの人に相談しながら、何とか乗り切っていかなければならないのです。そういうことを勉強することも大事です。

## 言い訳《わけ》をせず、努力《どりょく》と創意工夫《そういくふう》で道を拓《ひら》いた「二宮尊徳《にのみやそんとく》」

うまくいかない言い訳《わけ》はいろいろとあると思いますが、そのときは、二宮尊徳《にのみやそんとく》の事例《じれい》を思い出してください。

二宮尊徳は、「薪《たきぎ》を背負《せお》って本を読んでいる像《ぞう》」で有名な人です。昔は、ほとんどの小学校や中学校に、彼の像がありました。「子供《こども》たちがまねをして、本を読みながら道を歩くと、交通事故《こうつうじこ》に遭《あ》うかもしれない」という理由で一時期なくなってきていたのですが、最近また復活《ふっかつ》し、あちこちに建《た》ち始めています。「二宮尊徳精神《せいしん》は、日本復興《ふっこう》のために必要《ひつよう》だ」ということで、今、甦《よみがえ》りつつあるのです。

二宮尊徳は、十代のときに両親がなくなり、伯父《おじ》に引き取られます。その伯父は、少し意地悪《いじわる》で、彼が、昼間、一生懸命《いっしょうけんめい》に働《はたら》き、夜、灯芯《とうしん》に火を灯《とも》して勉強しているところ、「油がもったいない」と言うような人でした。そこで、彼は、荒地《あれち》を開墾《かいこん》して菜種《なたね》を植え、暇《ひま》を見つけては世話を続けます。そして穫《と》れた菜種を油に交換《こうかん》し、その油を燃《も》やして、夜の勉強を続けるのです。

これは立派《りっぱ》なことであり、十分ほめられるに値《あたい》することですが、その意地悪な伯父はそれを見て、今度は、「確かに、油は自分で手に入れたものかもしれないが、時間の無駄だ」と言ったのです。つまり、「おまえは家《うち》で預《あず》かった子だから、おまえの時間は俺《おれ》のものだ。だから、勝手に使うな。おまえが勉強する時間さえ惜《お》しい」というわけです。

このようなことを言われたら、普通《ふつう》は頭にきます。そして、腹《はら》を立て、「昼間はきちんと働いて農作業をしているのですから、夜ぐらい自由にさせてください。しかも、自分で手に入れた油で勉強しているのに、何の文句《もんく》があるのですか」と言い返したいところでしょう。

しかし、彼は、「伯父さんが言うことにも一理《いちり》ある。道理がないわけではない。伯父さんに預かってもらい、食事を食べさせていただき、面倒《めんどう》を見てもらっている以上《いじょう》、伯父さんの言うことがまったく間違《まちが》っているわけではない」と考えました。

「それでも、さらに頑張《がんば》る」ということで生まれたのが、銅像《どうぞう》で有名な、薪を背負いながら本を読んでいる姿とも言われています。つまり、薪を運ぶ移動《いどう》時間を勉強に使うのであれば、文句はないだろうというわけです。

このように、「周《まわ》りの人が意地悪である」「環境《かんきょう》が劣悪《れつあく》である」などということを言い訳にせず、常に、自分の努力《どりょく》や創意工夫《そういくふう》で道を拓《ひら》いていこうとする精神が素晴《すば》らしいと思います。こうした精神を子供時代に養《やしな》うことができれば、大人になってから、それが、もっと大きな力を発揮《はっき》するようになります。

二宮尊徳は、もともと農民《のうみん》出身の方ですが、その後、幕臣《ばくしん》となり、いろいろな藩《はん》の立て直しに尽力《じんりょく》します。つまり、財政破綻《ざいせいはたん》し、潰《つぶ》れかかっている藩を次々と再建《さいけん》していくわけです。これは、実にすごいことだと思います。

私は最近、「不惜身命《ふしゃくしんみょう》」という言葉をよく使っていますが、彼も本当に不惜身命の気持ちで、再建に取り組んでいるのです。

例えば、彼は小田原《おだわら》藩の人ですが、下野国桜町領《しもつけのくにさくらまちりょう》（現在の栃木《とちぎ》県真岡《もおか》市）の立て直しを依頼《いらい》されて栃木県のほうにも来ています。そして、小田原を離れるに当たっては、家や田畑などの一切を売り払《はら》い、妻《つま》と子供を連《つ》れ、二度と故郷《こきょう》に戻《もど》らない覚悟《かくご》で旅立っているのです。

そのような努力をなして頑張った、超人的《ちょうじんてき》な人がいたということを知っておいてください。

## 4 勉強と運動を両立させる秘訣《ひけつ》

### いちばんの無駄《むだ》は「勉強時間」のなかにある

みなさんにとっては、今後、「日常生活のなかで、どのように時間をつくり出していくか」、あるいは、「勉強と運動をどのように両立させていくか」ということが非常に難しいテーマになると思います。

運動をして体が疲《つか》れることもあるでしょう。あるいは、自分が勉強しようとしているときに、ほかの人との話し合いが入り、時間が潰《つぶ》れるようなこともあるかもしれません。ただ、それを言い訳《わけ》にせず、「そのなかで、どうやって時間をつくり出すか」ということを考えてほしいのです。

以前も述《の》べたことがありますが（本書第2章参照《さんしょう》）、時間の使い方でいちばん大切なのは、「授業時間を無駄《むだ》にしない」ということです。まずは、これがいちばん大切です。

授業時間を無駄にし、「寮《りょう》の部屋で、もう一回、勉強すればよい」とか、「休みの日に勉強すればよい」とか、そういう気持ちでいては駄目なのです。

よく、「いちばんの無駄は本業にあり」と言われます。大人の場合、いちばんの無駄は会社の仕事そのもののなかにありますが、学生の場合、実は授業時間や夜の学習時間などの勉強時間のなかに、いちばんの無駄があるのです。

時間は無限に欲《ほ》しいものですが、無駄な時間を無限につくっても、しかたがありません。誰《だれ》であっても一日二十四時間しか与えられていないのです。

では、睡眠《すいみん》時間を削《けず》ればよいのかというと、そんなことはありません。一定の睡眠時間は欲しいものです。ある程度《ていど》の睡眠がなければ、頭はボーッとして働きません。

結局《けっきょく》、「誰もが同じ時間を持っているのに、人によって結果が違ってくる」ということは、「悪い結果が出たとしても、それは、学校や先生やテキストのせいだけではない」ということです。ほかの人と同じことを学んでいても、結果がどんどん違ってくるのは、時間の使い方の問題なのです。

## 授業中《じゅぎょうちゅう》にマスターしよう

いちばん無駄な時間の使い方は、授業中《じゅぎょうちゅう》にマスターしようとしないことです。そういう態度でいると、いちばん損《そん》をするのです。

やはり、授業中に、できるだけ吸収《きゅうしゅう》してしまうこと、できるだけ理解し覚《おぼ》えてしまうこと、そして、分からないことがあれば質問《しつもん》し、なるべく持ち越《こ》さないようにすることが大事です。

もちろん、自分個人《こじん》の勉強のほうでは、予習や復習、あるいは、テストのための勉強をしてもよいと思いますが、無駄なことを何重にもやらないように注意してください。

やはり、いちばん肝心《かんじん》なことを、肝心なこととして捉《とら》え、そのために時間を使い切ることが大事です。つまり、授業に集中し、その場で内容を理解して覚えたならば、試験勉強などすごく簡単《かんたん》で楽になるのです。

ところが、みなさんは、「中間テストや期末《きまつ》テストの一週間前になり、部活が休みになってから、もう一回、全部を一から勉強し直そう」などと思っていないでしょうか。そういう人が多いので、試験当日になると、「徹夜《てつや》した」とかいう話があちこちから出てくるわけですが、けっこう無駄なことをしているのかもしれません。

本当に準備《じゅんび》が周到《しゅうとう》な人は違います。授業中、先生の話し方をよく聞いていれば、

「ああ、先生は、ここが大事だと思っているのだな。このへんを試験に出しそうだ」ということが分かってしまうため、テストの問題を見たとき、たいてい、答えが分かるようになってくるのです。

したがって、肝心なところを押《お》さえずに、「部活が休みになる試験前の一週間だけ勉強しよう」などと考えすぎないことです。これは、かえって時間の無駄です。

そうではなく、本業である授業のほうできちんと勉強していれば、残《のこ》りの時間で、部活を一生懸命《いっしょうけんめい》したり、生活時間を取ったり、友達《ともだち》と話したりする時間を十分に持つことができるのです。このことを、どうか忘《わす》れないでください。

## 5　真のエリートになるための心構《こころがま》え

### 「自分の鉛筆《えんぴつ》一本で戦《たたか》う」という姿勢《しせい》を持つ

さらに、大切なことを幾《いく》つか述《の》べましょう。

諺《ことわざ》に、「学問に王道なし」（学問に安易《あんい》な方法《ほうほう》はない）という言葉があります。

また、以前、私は、「語学に天才なし」という言葉を使いましたが（本書第１章参照）、語学といっても、みなさんにとっては新しい学問であるわけですから、この二つの言葉の意味は、ほとんど同じと考えてよいでしょう。

この「学問に王道なし」「語学に天才なし」というのは、本当にそのとおりです。

自分よりできる人は天才のように見えるものですが、そのような人であっても、例えば、一緒《いっしょ》にアメリカへ行き、ホームステイをし、ニューヨークを回って帰ってきたならば、「英語の天才ではなかった」ということが分かったと思います。英語がよくできる人であっても、アメリカへ行けば、言いたいことがほとんど通じず、泣《な》きながら帰ってくるような状態に近くなるわけです。

自分の目には天才に見えても、本当は天才ではありません。自分より少しだけ効率《こうりつ》よく努力《どりょく》し、成果があがっているだけのことなのです。

要するに、何が言いたいかというと、「やるべきことは、まだまだ、たくさんある」ということです。

したがって、勉強のできない原因《げんいん》を、生まれつきの頭や両親の問題など、いろいろなことに求《もと》めるのではなく、「自分の鉛筆《えんぴつ》一本で戦《たたか》う」ということを、しっかりと肝《きも》に据《す》えてほしいのです。

日本という国には、インドのようなカースト制度《せいど》（バラモン〔僧侶《そうりょ》〕、クシャトリヤ〔王侯《おうこう》や武士《ぶし》〕、ヴァイシャ〔商人〕、シュードラ〔奴隷《どれい》〕という身分階層《かいそう》）もなければ、貴族《きぞく》制度もありません。世の中で頭角を現していく道はさまざまに用意されています。

そして、最も広く開かれているのが、勉強の道です。「勉強で成功することによって、いろいろな職業《しょくぎょう》に就《つ》ける」という道が、非常に公平に開かれているのです。

つまり、ある意味では、鉛筆一本で世の中を勝ち上がり、戦い抜《ぬ》いていけるわけです。昔は剣《けん》で戦っていたのでしょうが、今は鉛筆で戦えるのですから、非常にありがたい世の中です。平和で、かつ、自分の努力が認《みと》められる世の中になっているのです。このことに対し、非常にありがたいことであると受け止め、感謝《かんしゃ》しなければいけません。

みなさんは、幸福の科学学園に入るために、かなり勉強されたことでしょう。その一方では、試験で不合格になり、入れなかった方もいます。今回（二〇一一年度）は、当会の信者でない方も受験をされました。結果は不合格でしたが、それは、信仰《しんこう》がないために不合格になったわけではなく、学力が足りずに不合格になったのです。

幸福の科学学園には、全国から秀才がけっこう集まっています。全国各地《かくち》から集められたみなさんは、基礎的《きそてき》な学力や能力《のうりょく》がそうとう高い人たちなのです。ですから、教材《きょうざい》を十分に与え、適切《てきせつ》な学習の手助けをしてあげれば、みなさんは、どんどん伸びていくことでしょう。これから、素晴《すば》らしい成果をあげていくことができると思います。

私は、「みなさんのなかから、将来の日本や世界を引っ張《ぱ》っていくような人材が、ぜひとも出てほしい」と願っているのです。

## 「いかなる種《たね》をまき、いかに育てるか」で未来《みらい》は決まる

みなさんは、今、十代の前半あるいは中盤《ちゅうばん》ぐらいの年齢《ねんれい》ですから、おそらくみなさんの大半は、今から約《やく》七十年後にも、まだ生きておられることでしょう。私はそのように希望《きぼう》しています。

今から七十年後には、西暦《せいれき》二〇八一年という年がやってきます。それは、「大川隆法　大悟《たいご》の年」である一九八一年から、ちょうど百年後です。

みなさんのうち、おそらく大半の方は、西暦二〇八一年に大悟百周年記念を祝《いわ》っているはずです。そのとき、大川隆法はすでに地上には存在《そんざい》しません。みなさんの両親も、ほとんどが、この世にはおられないでしょう。みなさんを教えてくれた先生がたも、大部分は、もはや、この世にいないと思います。

みなさんも、あるいは腰《こし》が曲がり、あるいは入れ歯になりながら、まだ伝道を

続けているか、若い人たちを鍛《きた》えているか、それは分かりませんが、何らかの仕事をしているだろうと思います。

その大悟百周年のときに、みなさんは、どのような目で、幸福の科学学園や幸福の科学、さらには、日本や世界を見ているでしょうか。また、そのときの日本や世界は、どうなっているでしょうか。そのようなことを私は想像してみます。

七十年後のみなさんの目には、何が見えているでしょうか。幸福の科学は見事に使命を果たしているでしょうか。それとも、数多くの試練や迫害《はくがい》に見舞《みま》われ、厳《きび》しい思いのなかで、まだ苦しんでいるような状態にあるのでしょうか。

すべては、今、十代のみなさんの、これから数十年の努力にかかっていると私は思います。

二十一世紀《せいき》の終わりが近づき、二十二世紀が見える寸前《すんぜん》まで生きるであろう、みなさんの目に映る未来《みらい》社会を、私も見てみたいと思っています。

しかし、すべての未来社会は、現在ただいまに、その芽《め》があります。現在ただいまのなかに、未来の芽はあるのです。未来は、ある日突然《とつぜん》やってくるものではありません。未来に起きること、あるいは、未来に自分の身に生じることは、現在ただいまのなかに、すでに種《たね》がまかれているのです。

みなさんは、日々、何らかの種をまき、日々、それを育てています。そして、何年後か、何十年後かに、確実に実りを迎《むか》えるようになります。

「現在ただいまの自分が、今日から、いかなる種をまき、どのようにそれを育てていくか」ということによって、未来は決まっていくのです。そのことを知っていただきたいのです。

それは、みなさん一人ひとりが、「自分の人生を自分で決めることができる」ということであるし、ある意味では、みなさん一人ひとりが「英雄《えいゆう》になれる」ということでもあるのです。

## 「苦難《くなん》・困難《こんなん》に耐《た》え抜《ぬ》く力」をためる

幸福の科学学園では、偉人《いじん》の学習を熱心《ねっしん》に行っています。偉人の生涯《しょうがい》を研究してみると、決して追い風ばかりではないことが分かります。よいことばかりでも、ほめられてばかりでもないのです。偉人と言われる人たちは、みな、とても厳しい時代をくぐり抜《ぬ》けています。

学生時代には、勉強がよくできて、いじめられることもあるでしょうが、全体的に見れば、「勉強ができたりスポーツができたりすれば、先生や両親からほめられるし、友達からも尊敬《そんけい》される」というのが普通《ふつう》です。

しかし、実社会に出ると、必ずしもそうではありません。成功すれば成功するほど、人より抜きん出れば抜きん出るほど、はるか未来を見つめて自らの信念を実現しようと努力すれば努力するほど、平均的《へいきんてき》な一般《いっぱん》の人々から距離《きょり》が離《はな》れていきます。そうすると、いろいろな困難《こんなん》や苦難《くなん》が降《ふ》って湧《わ》き、批判《ひはん》をされ、悪口を言われることが数多く出てくるのです。

みなさんは、はたして、それに耐《た》えられるでしょうか。

学生時代においては、勉強ができればほめられます。あるいは、運動の大会などで優勝《ゆうしょう》すればほめられます。単純《たんじゅん》なことです。しかし、実社会においては、人より進んだことをしたり、未来に向けて勇気《ゆうき》を持って力強く行動したりすると、悪口を言われたり、批判されたりすることが数多くあります。

偉人の研究をしてみると、こうした例ばかりが出てきます。ほめられっぱなしの人など一人もいません。偉人たちは、みな、普通の人であれば言われないようなことを、たくさん言われています。彼らは、そのなかを耐え抜いて生き、信念のままに貫《つらぬ》いていっているのです。

半歩先が見えている人は、優《すぐ》れた人として尊敬されることがあります。しかし、それよりはるか先が見え、それに向けて努力している人は、周りの人から、なかなか理解されないのです。

みなさんは、そうした苦難や困難を通り抜けて、未来の人々のために生きるために、今、幸福の科学学園での六年間あるいは三年間という時間が猶予《ゆうよ》されているのです。

どうか、その時間を無駄にしないでください。それは、限られた時間ですが、みなさんが、将来、苦難や困難に耐え抜いて生き抜き、信念を貫き通して、未来の人々のために幸福の種をまき続け、道を拓《ひら》いていけるようになるための「蓄積《ちくせき》の期間」なのです。この間に、力をためなくてはならないのです。

## 「行蔵《こうぞう》は我《われ》にあり」という気持ちを持つ

毀誉褒貶《きよほうへん》は、人の世の常です。毀誉褒貶というのは、「ほめたり、けなしたりすることという意味ですが、確《たし》かに、世間の人々は、ほめたり、けなしたり、いろいろなことをします。それが人の世の常であり、人の世の所業《しょぎょう》です。みなさんを、ほめたり、けなしたりして、評価《ひょうか》を上げ下げするのは、あくまでも、ほかの人の仕事なのです。

しかし、「行蔵《こうぞう》は我《われ》にあり」です（勝海舟《かつかいしゅう》の言葉）。つまり、「自分は、人生をどう生きたか。どういう気持ちで生きたか。何をなしえたのか」ということは、自分自身で確認《かくにん》できることなのです。

ほかの人から批判をされたり、持ち上げられたりすることもあるでしょう。しかし、たとえ、みなさんがいろいろなことを言われたとしても、そういう毀誉褒貶は人に任《まか》せておけばよいのです。

「自分は自分のなすべきことをなす」。これが大事です。

行蔵は我にあり。自分の人生に対して自分自身で責任《せきにん》を持ち、「『自分がやらねばならない』と思うことを、ただ、なしていくのみである」という気持ちを持つことです。

人生にはやはり周期があります。悪いときもあれば、よいときもあるのです。したがって、「たとえ苦しくても、十年ぐらいは、耐えて耐えて耐え抜き、忍《しの》び抜いて、突破《とっぱ》していくことが大事だ」ということを述べておきたいと思います。

苦しい時期というのは、十年以上、なかなか続かないものです。その十年を突破していくためには、もちろん、耐え忍ぶ力、忍耐《にんたい》の力も必要《ひつよう》です。しかし、その忍耐のなかに、「毎日毎日、一歩一歩、努力し抜く」「他人が何と言おうとも、自分は毎日一歩を進めていく」という努力の姿勢《しせい》があることが大事なのです。

将来に向けて一歩一歩前進していく。将来、必要になることを準備《じゅんび》していく。将来、人の役に立てるように、自分をつくっていく。そうした努力をして、苦しい時期を耐え抜いていくことが非常に大事であると私は考えます。

## 人は「自分が思っているとおりの人間」になっていく

すべては、みなさんの思いのなかにあります。心のなかに未来はあるのです。みなさんが、「何を考え、何を考え続けるか」ということが、「将来、どういう人間になるか」ということを決めるのです。

どんぐりが樫《かし》の木になるように、「心のなかで何を考え続けているか」ということが、みなさんの将来を決めます。つまり、みなさんは、考えているとおりの人間になるのです。これは、いろいろな偉人が語っていることですが、彼らは、みな、実際にそれを体験してきたのです。

みなさんは、自分が思っているとおりの人間に、やがて、なっていきます。「長く思い続けることができる」「具体的にありありと思い続けることができる」ということ自体が、ひとつの才能なのです。

そして、みなさんは、死後、この世を去ったのちに、「思いこそが、自分の実体であり、自分自身である」ということを知るようになります。

「あなたとは、何であるか。
あなたとは、あなたが、今、考えていることである。
あなたが考え続けているものが、あなた自身であるのだ」ということです。
したがって、心のなかで、その思いを持ち続けることが大事です。

自分が何者であるかを知りたければ、自分自身の心の内を見なさい。
自分の考えていることを見なさい。
自分がいつも考えていることを見れば、自分が何者であるかは分かります。
そして、自分が何者であるかが分かったならば、次に、「自分がなさねばならないことは何であるか」ということが分かってくるはずです。

あなたがたの聖《せい》なる使命を果たしなさい。
なすべきことをなすことです。
自分がなさねばならないことをなすこと。
これこそが大切です。

## 「高貴《こうき》なる義務《ぎむ》」を果《は》たそう

幸福の科学学園では、「高貴《こうき》なる義務《ぎむ》」ということを強く訴《うった》えています。
みなさんは、日本全国から選抜《せんばつ》されたエリートです。そして、多くの信者の方々からも期待をかけられています。みなさんの親でも親戚《しんせき》でもない方々が、数多くの寄付《きふ》をしてくださるおかげで、本学園の運営《うんえい》は成り立っています。自分の子供が通っているわけでもないのに、多くの方々が寄付をしてくださっているのです。

みなさんが、一年間、この学園で勉強し、寮《りょう》生活を送るためには、本当は一人当たり二百万円ぐらいの経費《けいひ》がかかります。しかし、学費・寮費として実際に頂《いただ》いているのは、約百二十万円です。

また、大半の生徒は、奨学生《しょうがくせい》になり、奨学金も頂いています。奨学金には、返さなくてよいものもあれば、社会に出てから、自分で働いて返していくものもありますが、いずれにせよ、両親以外の方々から、数十万円分の支《ささ》えを頂いて初《はじ》めて、学生生活を送ることができるのです。

なぜ、支えてくださるのでしょうか。それは、みなさんに期待しているからです。「学園生は、将来、必ず、世の中のために役立ってくれるだろう」と期待しているからなのです。そのことを、どうか忘《わす》れないでください。それが、「ノーブレス・オブリージ（高貴なる義務）」というものであると思うのです。

多くの人々の期待を受け、多くの人々の力や援助《えんじょ》を受け、そして、自分の思うままに勉強や運動ができるみなさんであるならば、将来、それを社会に対してお返ししていくことが大事です。

今、学園生のために寄付をされている方々は、「その寄付を自分に返してほしい」などと誰《だれ》も思っていません。「未来の日本人、未来の地球人のために努力し、それを十倍、百倍、千倍にしてお返しください」と願い、支えてくださっているのです。そのことを、どうか忘れないでいただきたいと思います。

「真なるエリート」というのは、そうした使命感に裏付《うらづ》けられて、日々、聖なる義務を、聖なる使命を果《は》たし続ける人間のことだと思います。

真のエリートを目指して、どうか、頑張《がんば》って、学園生活を送ってください。

# あとがき

宗教家というのは、もともと教育者でもあるので、学園を創るにあたって、違《い》和感《わかん》はなかった。

私は、人間の成長に、信仰心と学問的努力が必要なことを教えたかった。また様々な学問とともに、生徒会や部活、体育祭、文化祭も、生徒たちを大きく成長させる機会であることを指摘《してき》しておきたかった。

未来を生きる大鷲《おおわし》たちに、希望と期待の言葉を伝えることができて、こんなにうれしいことはない。

これが幸福の科学学園の基本理念であるとともに、未来の教育への指針でもある。

二〇一一年　九月二十七日

幸福《こうふく》の科学《かがく》グループ創始者兼総裁《そうししゃけんそうさい》　大川隆法《おおかわりゅうほう》

## 『真のエリートを目指して』関連書籍

『創造の法』（大川隆法 著　幸福の科学出版刊）
『教育の法』（同右）
『教育の使命』（同右）
『世界に羽ばたく大鷲を目指して』（同右）

真《しん》のエリートを目指《めざ》して
——努力に勝る天才なし——

2011年10月27日　初版第1刷
2023年12月20日　　　第2刷

著　者　大《おお》　川《かわ》　隆《りゅう》　法《ほう》

発行所　幸福の科学出版株式会社

〒107-0052　東京都港区赤坂2丁目10番8号
TEL(03)5573-7700
https://www.irhpress.co.jp/

印刷・製本　株式会社 堀内印刷所


ISBN978-4-86395-154-9 C0014
装丁 ©幸福の科学

**Noblesse《ノーブレス》 Oblige《オブリージ》**　「高貴なる義務」を果たす、「真のエリート」を目指せ。

# 幸福の科学学園
## 中学校・高等学校（那須本校）

Happy Science Academy Junior and Senior High School

「私は、
教育が人間を創ると
信じている一人である。
若い人たちに、
夢とロマンと、精進、
勇気の大切さを伝えたい。
この国を、全世界を、
ユートピアに変えていく力を
出してもらいたいのだ。」

（幸福の科学学園 創立記念碑より）

幸福の科学学園 創立者
**大川隆法**

幸福の科学学園（那須本校）は、幸福の科学の教育理念のもとにつくられた、男女共学、全寮制の中学校・高等学校です。自由闊達な校風のもと、「高度な知性」と「徳育」を融合させ、社会に貢献するリーダーの養成を目指しています。

Noblesse《ノーブレス》 Oblige《オブリージ》　「高貴なる義務」を果たす、「真のエリート」を目指せ。

# 幸福の科学学園
## 関西中学校・高等学校（関西校）

Happy Science Academy Kansai Junior and Senior High School

私は日本に
真のエリート校を創り、
世界の模範としたい
という気概に満ちている。
『幸福の科学学園』は、
私の『希望』であり、
『宝』でもある。
世界を変えていく、
多才かつ多彩な人材が、
今後、数限りなく
輩出されていくことだろう。

（幸福の科学学園関西校 創立記念碑より）

幸福の科学学園 創立者
大川隆法

滋賀県大津市、美しい琵琶湖の西岸に建つ幸福の科学学園（関西校）は、男女共学、通学も入寮も可能な中学校・高等学校です。発展・繁栄を校風とし、宗教教育や企業家教育を通して、学力と企業家精神、徳力を備えた、未来の世界に責任を持つ「世界のリーダー」を輩出することを目指しています。

# 幸福の科学学園・教育の特色

## 「徳ある英才」の創造

教科「宗教」で真理を学び、行事や部活動、寮を含めた学校生活全体で実修して、ノーブレス・オブリージ(高貴なる義務)を果たす「徳ある英才」を育てていきます。

体育祭

## 天分を伸ばす「創造性教育」

教科「探究創造」で、偉人学習に力を入れると共に、日本文化や国際コミュニケーションなどの教養教育を施すことで、各自が自分の使命・理想像を発見できるよう導きます。さらに高大連携教育で、知識のみならず、知識の応用能力も磨き、企業家精神も養成します。芸術面にも力を入れます。

探究創造科発表会

## 一人ひとりの進度に合わせた「きめ細やかな進学指導」

熱意溢れる上質の授業をベースに、一人ひとりの強みと弱みを分析して対策を立てます。強みを伸ばす「特別講習」や、弱点を分かるところまでさかのぼって克服する「補講」や「個別指導」で、第一志望に合格する進学指導を実現します。

授業の様子

## 自立心と友情を育てる「寮制」

寮は、真なる自立を促し、信じ合える仲間をつくる場です。親元を離れ、団体生活を送ることで、縦・横の関係を学び、力強い自立心と友情、社会性を養います。
※関西校は通学もできます。

毎朝夕のお祈りの時間

# 幸福の科学学園の進学指導

## 1 英数先行型授業

受験に大切な英語と数学を特に重視。「わかる」(解法理解)まで教え、「できる」(解法応用)、「点がとれる」(スピード訓練)まで繰り返し演習しながら、高校二年からの文理別科目も余裕で仕上げられる効率的学習設計です。

授業の様子

## 2 習熟度別授業

英語・数学は、中学一年から習熟度別クラス編成による授業を実施。生徒のレベルに応じてきめ細やかに指導します。各教科ごとに作成された学習計画に基づいて、大学受験に向けた学力強化を図ります。

## 3 基礎力強化の補講と個別指導

基礎レベルの強化が必要な生徒には、放課後の時間に、英数を中心とした補講を行っています。さらに、夕食後は夜学習の時間を取ることで、生徒達に学習の習慣を定着させています。また、質疑応答の個別指導も行います。

## 4 特別講習

夏期・冬期等の長期休業中には、特別講習を行っています。中学生は、国・数・英の3教科を中心に、高校からは原則5教科で、それぞれ実力別に分けた講座を開講し、実力養成を図ります。高校二年からは、春期講習会も実施し、大学受験に向けて、より強化します。

**詳しい内容、パンフレット、募集要項のお申し込みは下記まで。**

**幸福の科学学園 関西中学校・高等学校**

〒520-0248
滋賀県大津市仰木の里東2-16-1
TEL.077-573-7774 FAX.077-573-7775
[公式サイト]
kansai.happy-science.ac.jp
[お問い合わせ]
info-kansai@
happy-science.ac.jp

**幸福の科学学園 中学校・高等学校**

〒329-3434
栃木県那須郡那須町梁瀬 487-1
TEL.0287-75-7777 FAX.0287-75-7779
[公式サイト]
happy-science.ac.jp
[お問い合わせ]
info-js@
happy-science.ac.jp

仏法真理塾

# サクセスNo.1

未来の菩薩を育て、仏国土ユートピアを目指す！

## 仏法真理塾「サクセスNo.1」とは

幸福の科学による信仰教育の機関です。信仰教育・徳育にウエイトを置きつつ、将来、社会人として活躍するための学力養成にも力を注いでいます。

サクセスNo.1 東京本校（戸越精舎内）

「サクセスNo.1」のねらいには、「仏法真理と子どもの教育面での成長とを一体化させる」ということが根本にあるのです。

大川隆法総裁　御法話『サクセスNo.1』の精神」より

# 仏法真理塾「サクセスNo.1」の教育について

## 信仰教育が育む健全な心

御法話拝聴や祈願、子ども向け冊子の学習会などを通して、仏の子としての「正しい心」を学びます。

## 学業修行で学力を伸ばす

忍耐力や集中力、克己心を磨き、努力によって道を拓く喜びを体得します。

## 法友との交流で友情を築く

塾生同士の交流も活発です。お互いに信仰の価値観を共有するなかで、深い友情が育まれます。

- サクセスNo.1は全国に、本校・拠点・支部校を展開しています。
- 対象は小学生・中学生・高校生・高卒生です。

| | | | |
|---|---|---|---|
| 札幌本校 | TEL.011-768-7734 FAX.011-768-7738 | 仙台拠点 | TEL.090-9808-3061 FAX.022-781-5534 |
| 宇都宮本校 | TEL.028-611-4780 FAX.028-611-4781 | 大宮本校 | TEL.048-778-9047 FAX.048-778-9047 |
| 東京本校 | TEL.03-5750-0747 FAX.03-5750-0737 | 西東京本校 | TEL.042-643-0722 FAX.042-643-0723 |
| 横浜本校 | TEL.045-211-8022 FAX.045-201-7759 | 新潟拠点 | TEL.090-5194-8561 FAX.025-284-7371 |
| 北陸拠点 | TEL.080-3460-3754 FAX.076-492-7781 | 名古屋本校 | TEL.052-930-6389 FAX.052-930-6390 |
| 京滋本校 | TEL.070-3175-6971 FAX.075-661-8864 | 大阪本校 | TEL.06-6271-7787 FAX.06-6271-7831 |
| 神戸本校 | TEL.078-381-6227 FAX.078-381-6228 | 岡山拠点 | TEL.080-8823-9068 FAX.086-235-3772 |
| 広島拠点 | TEL.090-4913-7771 FAX.082-533-7733 | 高松本校 | TEL.080-3724-5570 FAX.087-868-6183 |
| 福岡本校 | TEL.092-732-7200 FAX.092-732-7110 | 沖縄本校 | TEL.098-917-0472 FAX.098-917-0473 |

全国支部校のお問い合わせは、サクセスNo.1東京本校（TEL. 03-5750-0751）まで。

メール info@success.irh.jp

## 「エンゼルプランV」

0歳～未就学児を対象に、信仰に基づく豊かな情操教育を行う幼児教育機関です。仏法真理の絵本や歌などを通して信仰教育を行い、一人ひとりの個性を伸ばし、豊かな情操を育みます。東京本校をはじめ、全国各地の支部で開催しています。

TEL 03-5750-0757
FAX 03-5750-0767
メール angel-plan-v@kofuku-no-kagaku.or.jp

## 「エンゼル精舎」

エンゼル精舎は、乳幼児を対象とした幸福の科学の託児型の宗教教育施設です。神様への信仰と「四正道」を土台に、子供たちの個性を育みます。
（※参拝施設ではありません）

## 「ユー・アー・エンゼル！（あなたは天使！）運動」

障害児の不安や悩みに取り組み、ご両親を励まし、勇気づける、障害児支援のボランティア運動です。学生や経験豊富なボランティアを中心に、全国各地で、集いや各種イベントを行っています。保護者向けには、交流会や、講演・セミナー・子育て相談を行っています。

一般社団法人 ユー・アー・エンゼル
TEL 03-6426-7797
FAX 03-5750-0734
メール you.are.angel.japan@gmail.com

## 不登校児支援スクール「ネバー・マインド」

幸福の科学グループの不登校児支援スクールです。「信仰教育」と「学業修行」を柱に、合宿をはじめとするさまざまなプログラムで、再登校へのチャレンジと、生活リズムの改善、心の通う仲間づくりを応援します。

TEL 03-5750-1741
FAX 03-5750-0734
メール nevermind@happy-science.org

# 幸福の科学　入会のご案内

## あなたも、ほんとうの幸福を
## 見つけてみませんか？

幸福の科学では、大川隆法総裁が説く仏法真理をもとに、
「どうすれば幸福になれるのか、また、
他の人を幸福にできるのか」を学び、実践しています。

### 入会

大川隆法総裁の教えを信じ、学ぼうとする方なら、どなたでも入会できます。入会された方には、『入会版「正心法語」』が授与されます。（入会の奉納は1,000円目安です）

入会ご希望の方はネットからも
入会申し込みができます。
**happy-science.jp/joinus**

### 三帰《さんき》誓願《せいがん》

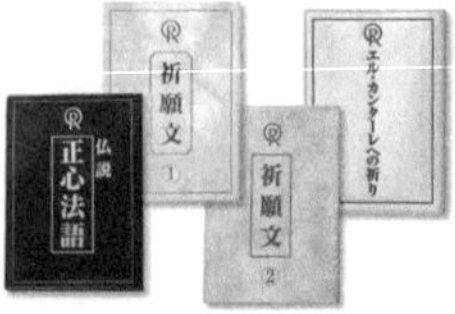


仏弟子としてさらに信仰を深めたい方は、仏・法・僧の三宝への帰依を誓う「三帰誓願式」を受けることができます。三帰誓願者には、『仏説・正心法語』『祈願文①』『祈願文②』『エル・カンターレへの祈り』が授与されます。

### 植福《しょくふく》の会

植福は、ユートピア建設のために、自分の富を差し出す尊い布施の行為です。布施の機会として、毎月1口1,000円からお申込みいただける、「植福の会」がございます。

ご希望の方には、幸福の科学の小冊子（毎月1回）をお送りいたします。詳しくは、下記の電話番号までお問い合わせください。

月刊「幸福の科学」　ザ・伝道　ヤング・ブッダ　ヘルメス・エンゼルズ　What's 幸福の科学

INFORMATION
**幸福の科学サービスセンター**
**TEL.03-5793-1727**（受付時間 火～金:10～20時／土・日・祝日:10～18時〔月曜を除く〕）
幸福の科学 公式サイト **happy-science.jp**